もっとかんたん、もっとおいしい

もっと つくおき

はじめに

この本をお手に取ってくださり、ありがとうございます。

2015年10月に「つくおき」を出版してから2冊めの本になります。
前回初めて本を出版するという経験をさせて頂いたのですが、正直なところ反省するべき点も多くあり、もし次に本を出せる機会があれば、前回の反省をふまえて、書きたい要素、もっと掘り下げたい要素を入れて作りたいなと思っておりました。

2冊めのお話を頂いたのは2015年の11月頃。まさかこんなに早く2冊めのお話を頂けるとは思っていなかったので、本当にありがたい気持ちです。

今回はまず始めに、"1週間の作り置き"の裏側を全部見せるという内容を入れています。サイトでは毎週紹介していた"1週間の作り置き"ですが、毎週どのように作るおかずを決めているのか、作業の順番はどこまで考えているのかについてまとめました。

ある程度ルール化された考えを紹介しているので、少しでも参考になればうれしいです。

次に、初めてまとめて作り置きをする方でも試しやすいように、なるべく簡単で定番のおかずを組み合わせた例を2週分と、少し慣れた頃にできそうな品数の例を2週分紹介しています。実際に作っている様子や、ポイントもピックアップしています。

整理してみると、まとめて作り置きをするポイントはそこまで多くありません。もちろんここに書いていることがすべてではないので、ご自身の経験や生活と照らし合わせて、効率的と思うところを採用して、自分自身が一番やりやすい方法を見つけていってくださいね。

お手に取ってくださった皆様にとって、ほんの一部でもお役に立つような本であればうれしいです。

nozomi

「つくおき」の基本サイクル

私が毎週作り置きをする生活の中で決まって行っていることをまとめました。私は1週間で1サイクルですが、生活スタイルに合わせて参考になるところがあればうれしいです。

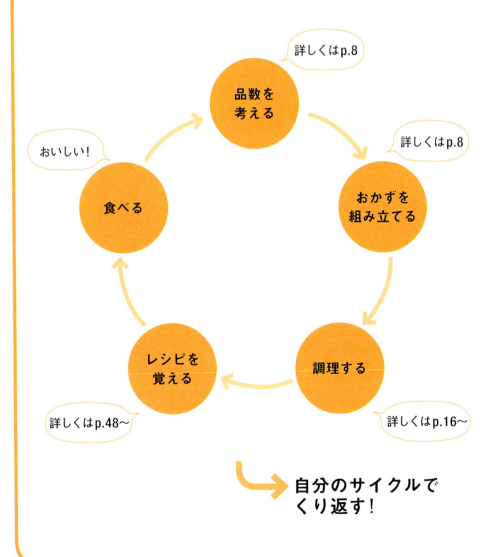

品数を考える

メインおかず、サブおかずは何品くらい必要か、調理にかけられる時間はどれくらいか。週によって必要な品数、調理にかけられる時間が異なるのでバランスをみて作る品数を決めます。

おかずを組み立てる

食べたいおかずや、使い切りたい食材がある場合は優先的に書き出して、おかずの彩りや食材の偏りがないかをみながら何を作るかを決めます。むずかしそうに感じますが、慣れると簡単ですよ。

調理する

まとまった時間に一気に調理します。どの順番で作るかを頭に入れておくと作業がしやすくなります。細かい手順を書き出して調理するのではなく、ざっくり考えておくだけで大丈夫です。

レシピを覚える

同時に何品かを作るので、何も見なくても作れるおかずがあればあるほど作業が効率的になります。似ているレシピや、基本的な調味料の比率を覚えると覚えやすいです。

食べる

食べたいものをその日の気分で取り分けて食べています。作ったおかずごとに冷蔵保存期間が違うので、日持ちが短いものから優先的に食べていきます。

contents

はじめに	2
「つくおき」の基本サイクル	4
作り置きの幅が広がる「つくおき」流 おかずの決め方、組み立て方	8
「つくおき」スタメン調味料	12
プラスαの調味料	13
私の台所	14
「つくおき」スタメン調理器具	15

第1章
初めてでも試しやすい 「つくおき」おかずの組み合わせ

作りやすい組み合わせ8品作り置き …… 18

食材	19
タイムスケジュール	20
ポイント（段取り編）	22
鶏のかぼちゃクリーム煮	24
レンチン鶏シュウマイ	25
肉みそ	26
ほうれん草のナッツあえ	27
ブロッコリーと卵のおかかツナマヨ玉ねぎあえ	28
ひよこ豆のトマトカレー煮込み	29
玉ねぎチーズのオーブン焼き	30
切り干し大根の梅肉ごま酢あえ	31

副菜ばっかりパパッと6品作り置き …… 32

食材	33
タイムスケジュール	34
ポイント（作り置きのコツ編）	36
きゅうりともやしのツナあえ	38
長いもと卵のグラタン	39
小松菜のナムル	40
ミックスビーンズとれんこんのごまサラダ	41
ウインナーとコーンのカレー炒め	42
セロリとパプリカのマリネ	43

プラスαのサブおかず …… 44

長ねぎの照り焼き／白菜の即席漬け	44
ほうれん草のラー油ナムル／ もやしと塩こんぶの梅あえ	45
にんじんのナムル／セロリの葉のつくだ煮	46
キャベツのごまだれ／ 大根のおかかしょうゆあえ	47

コラム もっと料理がラクになる

レシピの覚え方　見つけ方	48
「つくおき」流　味の基本配合	49
Check! レシピを作り置き向きにするために	51

第2章
おすすめのおかず 1週間の組み合わせ

バランスばっちり10品作り置き …… 54

食材	54
タイムスケジュール	55
「つくおき」実況中継	56
たらのみそマヨネーズ焼き	60
韓国風甘辛チキン	61
和風ハンバーグ	62
豚肉と玉ねぎのデミグラ風	63
ブロッコリーと卵のオイマヨあえ	64
カレーポテトサラダ	65
まるごとオクラのラー油あえ	66
切り干し大根とひじきのさっぱりマヨサラダ	67
れんこんと彩り野菜の甘酢サラダ	68
セロリの塩こんぶごま酢和え	69

ちょっとしっかり10品作り置き …… 70

食材	70
タイムスケジュール	71
「つくおき」実況中継	72
ミートソース	76
牛肉のしぐれ煮	77
カレーセサミマヨサーモン	78
オイスター鶏ももから揚げ	79
彩り温野菜	80
じゃことピーマンとちくわのつくだ煮	81
ツナと大根の煮物	82
ほくほくかぼちゃのグリル	83
デリ風コールスロー	84
きゅうりとわかめの酢の物	85

炊飯器まかせの炊き込みごはんバリエ …… 86

基本の炊き込みごはん／ 鮭ときのこの炊き込みごはん	86
洋風トマトチキンの炊き込みごはん／ 中華風チキンごはん	87

コラム 「つくおき」おかずでお弁当を作る …… 88

第3章
「つくおき」
メインおかずカタログ

チキンソテーwithオニオンソース ……… 92
鶏肉と彩り野菜の甘酢あん ………………… 92
鶏むねのしそわさびしょうゆ ……………… 93
チキンのトマト煮込み ……………………… 93
梅しそチーズの棒つくね …………………… 94
香味だれの蒸し焼きチキン ………………… 94
チキンチーズボール ………………………… 95
ピリ辛みそ照り焼き ………………………… 95
ピーマンとのりのピリ辛豚巻き …………… 96
長いもの豚肉巻き …………………………… 96
豚こまカリカリ焼き ………………………… 97
牛肉のトマト煮込み ………………………… 97
鶏そぼろひじき ……………………………… 98
マーボーのもと ……………………………… 98
たらと彩り野菜のガーリックソテー ……… 99
鮭とアスパラのアーリオ・オーリオ風 …… 99
鮭とじゃがいものみそバター煮込み ……… 100
さばの和風カレー煮込み …………………… 100
あじのマリネ ………………………………… 101
エスニック風はんぺん鶏団子 ……………… 101
手羽元のゆずこしょうグリル ……………… 102
たらの和風チーズ焼き ……………………… 102
レンチン蒸し鶏の甘みそねぎだれ ………… 103
ねぎだれ豚しゃぶ …………………………… 103

コラム 揚げ焼きで作るから揚げバリエ
基本のから揚げ ……………………………… 104
磯辺から揚げ／スパイシーから揚げ／
コンソメから揚げ …………………………… 105

第4章
「つくおき」
サブおかずカタログ

ひじきとごぼうのつくだ煮 ………………… 108
ブロッコリーとベーコンの粒マスタード炒め
……………………………………………… 108
ウインナーとじゃがいもの
マスタードケチャップ炒め ………………… 109
ウインナーと玉ねぎの和風炒め …………… 109
切り干し大根とじゃこの中華炒め ………… 110
ピーマンとヤングコーンのオイスター炒め … 110
豆苗と油揚げの炒め物 ……………………… 111
じゃがいもとさつま揚げのしょうゆ炒め … 111
小松菜とちくわの甘辛炒め ………………… 112
ごぼうのから揚げ …………………………… 112
手綱こんにゃくのガーリックおかか炒め … 113

なすのピリ辛ラー油炒め …………………… 113
ピーマンと卵の炒めもの …………………… 114
糸こんにゃくと彩り野菜の和風炒め ……… 114
基本のきんぴらごぼう ……………………… 115
厚揚げとししとうのおかかじょうゆ ……… 115
鶏ひき肉のカレーオープンオムレツ ……… 116
長いもとキャベツのオーブン焼き ………… 116
かぼちゃのカレースコップコロッケ ……… 117
高野豆腐のふくめ煮 ………………………… 117
肉じゃが …………………………………… 118
ラタトゥイユ ………………………………… 118
かぼちゃのひき肉あん ……………………… 119
お豆と根菜の煮物 …………………………… 119
ポテトサラダ ………………………………… 120
いんげんとにんじんのごまあえ …………… 120
みそ大根そぼろ ……………………………… 121
ゴーヤのにんにくしょうゆ漬け …………… 121
ツナとじゃがいものクロケット風 ………… 122
お豆とひじきの健康サラダ ………………… 122
ハリハリきゅうりのキムチ風 ……………… 123
セロリの葉と大根の酢漬け ………………… 123

第5章
作り置きおかずのある生活

冷蔵庫の中身を公開 ………………………… 126
キッチン収納を公開 ………………………… 128
愛用便利グッズを紹介 ……………………… 130
日々の食事風景を公開します ……………… 132
容器や保存方法に関して …………………… 136

おわりに ……………………………………… 138
材料別さくいん ……………………………… 140

この本の使い方

・ 材料や作り方にある「小さじ1」は5ml、「大さじ1」
　は15ml、「1カップ」は200mlです。
・ 野菜類は特に表記のない場合は皮をむく、洗うなど
　の作業をすませてからの手順を説明しています。ま
　た肉類の余分な脂身の処理も同様です。
・ 本書で使用している電子レンジは500Wです。
・ レンジやオーブンなどの調理器具をご使用の際は、
　お使いの機種の取扱説明書にしたがって使用してく
　ださい。加熱時間の目安、ラップの使用方法などは、
　取扱説明書にある使い方を優先させてください。
・ 調理時間は下ゆでや漬け時間などを省いた時間です。
・ 保存容器はお使いのものの取扱説明書にしたがって
　洗浄・消毒した清潔な状態でご使用ください。
・ 表記されている金額は編集部調べ（2016年3月現在）
　です。

作り置きの幅が広がる「つくおき」流
おかずの決め方、組み立て方

ここでは、作るおかずが決まるまでの流れを紹介します。私は整理がしやすいのでエクセルを使っていますが、考えやすいように書き出せればメモでも何でも大丈夫です。

\ 実際の工程を紹介！/

p.70「ちょっとしっかり10品作り置き」を例に考えてみます。

メイン
1 ミートソース
2 牛肉のしぐれ煮
3 カレーセサミマヨサーモン
4 オイスター鶏ももから揚げ

サブ
5 彩り温野菜
6 じゃことピーマンとちくわのつくだ煮
7 ツナと大根の煮物
8 ほくほくかぼちゃのグリル
9 デリ風コールスロー
10 きゅうりとわかめの酢の物

① 数を決める

今週はトータル10品！

まずは調理にかけられる時間をチェック。そこから品数を考えます。私の場合は経験上、1品10〜20分で計算。サブおかずなら60分で5品を目安にしています。わが家（夫婦2人）はメイン4品サブ6品あると、平日5日間がラクになります。

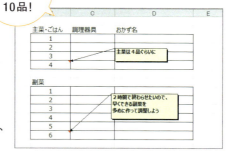

2 必ず作りたいおかずを決める

まずは自分が「食べたい」と思うおかずを優先的に入れます。さらに毎回or隔週作る「定番もの」があると献立作りがラクに。旬のおいしくて安い食材も入れています。

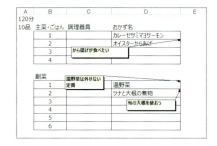

3 バランスを見て組み立てる

家にある食材を優先的に使うことも考え、ざっくりおかず名をあげます。それを見て、以下のポイントをチェックしながら組み立てます。

おかず選びの4つのポイント

●調理工程

調理が大変なものばかりじゃないか、同時調理ができるかを考えます。同時調理については私の場合、サブおかず6品中4品が「ゆでる／あえる／煮る」に、メインおかず4品中2品が「揚げる／オーブン／焼く」のどれかに分散していると調理がラクに感じます。

●食材

メインおかず4品のうち2品が鶏肉だったら残り2品は鶏以外の食材を使ったり、サブおかずが根菜中心のものばかりにならないように葉ものを使ったおかずを入れたりします。また、半端に余らせたくない野菜が残ってしまわないように組み合わせるのも大事です。

●味

甘辛味、中華味、甘酢味、ピリ辛味…など料理の組み合わせが同じような味に偏ってしまうと、食べていくうちに飽きてしまうので、なるべく味がかぶらないように調整します。
※ p.48 をチェック

●日持ち

あまり日持ちのしないおかずばかりになっていないか考えます。

4 調整する

さらに細かい調整を。メインおかずで調理に時間がかかりそうなものが多い場合は、サブおかずで難易度を下げるようにしています。また、お弁当を持っていくことが多いので、お弁当に入れやすいものが3品以上あるかどうかも、わが家にとっては大事なポイントです。

A	B	C	D	E
120分				
10品	主菜・ごはん	調理器具	おかず名	
	1	オーブン	カレーセサミマヨサーモン	
	2	フライパン	オイスターからあげ	
	3	なべ、フライパン	牛肉しぐれ煮	
	4	なべ	ミートソース	
			なべで作れるミートソースを追加	
	副菜			
	1	なべ	温野菜	
	2	なべ	ツナと大根の煮物	
	3	フライパン	じゃこピーマンとちくわのつくだ煮	
	4	オーブン	かぼちゃのグリル	
	5	火を使わない	デリ風コールスロー	
	6	火を使わない	きゅうりとわかめの酢の物	

主菜に時間がかかりそうなので、残りの副菜は楽ちんレシピに

5 作る順に並べ替えて完成

最後に右ページの基本ルール②と③を参照して、作る順番でおかずを並べ替えてみます。キッチンに立つ前にここまでやり、頭に入れてから調理をスタートします。がちがちに考えず、大まかな流れ、作業のまとまりを頭に入れることが大事です。作業の途中で順番が前後しても気にせずに調理します。

A	B	C	D	E
120分				
10品	主菜・ごはん	調理器具	おかず名	
	1	オーブン	カレーセサミマヨサーモン	
	2	なべ	ミートソース	
	3	フライパン	オイスターからあげ	
	4	なべ、フライパン	牛肉しぐれ煮	
			作る順に全体を並べ替えて、今週のメニュー完成！	
	副菜			
	1	なべ	温野菜	
	2	なべ	ツナと大根の煮物	
	3	オーブン	かぼちゃのグリル	
	4	フライパン	じゃこピーマンとちくわのつくだ煮	
	5	火を使わない	デリ風コールスロー	
	6	火を使わない	きゅうりとわかめの酢の物	

\ ここで確認 /
同時調理の効率アップのポイント

準備 使うものを出しておく

冷蔵庫から出せる野菜はキッチンに並べて見える範囲に置いておくことで、複数のおかずを作るときに切り忘れ、入れ忘れがないようにします。使用する調味料もできるだけ出しておくと作業がスムーズです。

基本ルール① 切りものはある程度まとめて

最初に全部切りものをするというやり方もあると思いますが、私の場合は、お湯を沸かしている間や煮込んでいる間に次に調理に取りかかる食材を切り、ボウルに入れています。作業スペースが限られているので、準備ができた段階で切った食材を使い、スペースをあけるようにしています。

ある程度切ったらボウルなどにまとめておきます。

ちょっとだけ切るためや切り忘れたものがあったとき用にちびまな板も使っています。

基本ルール② サブおかずはゆでるものから

調理器具が汚れない順に手をつけます。ゆでる必要がある野菜はひとまとめに。煮る、オーブン調理といった「ほったらかし」ができるものは中ごろに始めて調理器具まかせに。つきっきりになりがちな炒める、焼く、揚げるといったフライパン調理は後半。最後は粗熱がとれたゆで野菜や戻し終わった乾物などを使ってあえ物を作ります。

ゆで → 炒め・焼き　あえ

基本ルール③ メインおかずは煮るものから

慣れないうちはメインおかずとサブおかずを作る工程は分けたほうが混乱しないで作りやすいと思います。下味つけは前日またはサブおかず調理前に、野菜の下ごしらえはサブおかず調理の工程に組み込んで、煮る、オーブン、揚げる、炒めるの順に行います。炊飯器調理、オーブン調理、煮物で時間がかかるものは先に着手します。

煮る → オーブン → 揚げ → 炒め・焼き

「つくおき」スタメン調味料

この本の味つけに使っている基本的な調味料をご紹介します。
どれも普通にスーパーで売っているものばかりです。

砂糖
コクが出るような気がしてきび砂糖や三温糖を使っています。

塩・こしょう
塩は自然塩を。こしょうはミルつきの粗びきタイプを使っています。

酢
ツンとこないで甘みのある調味酢、穀物酢を使い分けています。

しょうゆ
以前は減塩タイプでしたが、最近は普通のものに替えました。

みそ
普段はごく普通の麹みそを。赤みそも常備しています。

みりん
みりん風調味料ではなく、本みりん。新鮮なうちに使い切れる小ボトル。

酒
食塩無添加の料理酒。使い勝手がいい小ボトルのものを愛用中です。

チューブタイプの薬味
にんにく、しょうが、わさび。生のすりおろしと使い分けます。

白だし
濃縮タイプ。塩けがきいた濃厚なだし。簡単に味が決まります。

スープのもと各種
（中華スープ、コンソメ）
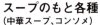

中華は練りタイプを、コンソメは顆粒タイプを使っています。

グレープシードオイル・サラダ油
油は基本的にクセのないグレープシードオイル。サラダ油で代用できます。

オリーブオイル
使用頻度は高くありませんが、風味を出したいレシピに使います。

ごま油
「やみつき系」の風味づけなどによく使います。中華系の炒め油にも。

バター
値段が高いですが、洋風おかずの風味づけに少量入れることがあります。

トマトケチャップ
かけて使うのはもちろん、中華や洋風おかずの味つけに使っています。

マヨネーズ
サブおかずによく使う調味料。魚のオーブン焼きのソースにも合います。

中濃ソース
トマト缶と相性がいいので、洋風おかずのソースによく使います。

カレールウ・カレー粉
カレールウはフレークタイプ。レシピによってルウと粉を使い分けます。

プラスαの調味料

なくても何とかなるけれど、あったら味つけの幅がぐんと広がる調味料。
輸入食材の店などで購入することもあります。

---

1 粒マスタード

はちみつやしょうゆを組み合わせて使うことが多いです。しょうゆを組み合わせると食べやすい味になります。

ブロッコリーとベーコンの粒マスタード炒め→ p.108 のレシピをチェック

2 オイスターソース

少し加えるだけでうまみが増すので、しょうゆのかわりによく使います。マヨネーズとも相性がいいです。

ピーマンとヤングコーンのオイスター炒め
→ p.110 のレシピをチェック

---

3 コチュジャン

韓国の甘辛みそ。アジア風のおかずにコクと辛さを足したいときに。炒めものやあえものにも使えます。

ハリハリきゅうりのキムチ風
→ p123. のレシピをチェック

4 豆板 醤 (トウバンジャン)

ピリ辛に仕上げたいときに使います。照り焼き味に足すだけで定番の味に変化をつけられて便利です。

長いもの豚肉巻き
→ p.96 のレシピをチェック

---

5 甜麺 醤 (テンメンジャン)

照りのある中華風甘みそ。使用頻度は高くないですが、より中華の味に近づけたいときに使います。

レンチン蒸し鶏の甘みそねぎだれ
→ p.103 のレシピをチェック

6 レモン汁

手軽に使うために濃縮タイプのものが便利。和食、洋食、中華、エスニックと幅広く使えます。

たらと彩り野菜のガーリックソテー
→ p.99 のレシピをチェック

---

7 エスニック系スパイス
(クミンパウダー・コリアンダーパウダーなど)

私はスパイスがきいた料理が好きなので小びんを常備しています。よく使うのはクミンとコリアンダーです。

エスニック風はんぺん鶏団子
→ p.101 のレシピをチェック

8 ゆずこしょう

「こしょう」という名前ですが辛さのもとはしっかり辛い唐辛子。鶏肉の下味として使うことが多いです。

手羽元のゆずこしょうグリル
→ p.102 のレシピをチェック

---

9 ラー油

プッシュして出す一般的なタイプのものを使っています。あえものや炒め物の最後の風味づけによく使います。

ほうれん草のラー油ナムル
→ p.45 のレシピをチェック

※酢について：私は調味酢をメインに、穀物酢、白ワインビネガー、バルサミコ酢を使い分けています。お手持ちのお酢で代用する場合は、酸味が異なりますので少量から味を調整してください。穀物酢に少量の砂糖を加えると調味酢に近い味わいになりますが、お酢のまろやかさが異なりますのでこちらも少量から味を調整してください。
※梅干しや塩こんぶも調味料がわりに使っています。

私の台所

マンションによくあるコンパクトサイズで、つっぱりラックなどをつけてスペースを有効活用しています。調理器具も小さめを選びます。

1 冷蔵庫の側面に取りつけられる収納を。トング、泡立て器、ターナー、お玉などをつるし、ラップもすぐ出せる場所に。

2 つっぱりラックは調味料置き場や食器＆野菜の水きりに。計量スプーンやピーラーもここに。ペーパータオルはよく使います。

3 扉にひっかけられるごみ袋ホルダーを。プラスチックごみと生ごみを分けられます。タオルホルダーには手ふき用のタオルを。

4 まな板は立てかけておいても気にならないデザインのものを選びました。調理時にシンクに置く水きりラックも立てかけておきます。

5 コンロは3口ありますが、並行して使うのは2口です。魚焼きグリルはほとんど使いません。

6 使用頻度の高いフライパンと片手なべ、フタは出しておくことが多いです。パッケージがかわいいオイル類も出したままに。

7 洗剤類はパッケージをはがしたり詰め替え用の容器を使ってできるだけシンプルに。同時調理の間はよく手を洗うので、ハンドソープも欠かせません。

※食器をふく「ふきん」は、清潔なものを使いたいところですが、毎日取り替えることができないので、使わなくなりました。洗ったものは基本的に自然乾燥し、すぐ使う場合だけペーパータオルでふくようにしています。

「つくおき」スタメン調理器具

なべとフライパンは小さなシンクでも洗いやすいサイズを使用。
なんとなく使い始めた道具、こだわりの道具、いろいろ使っています。

なべ
直径18cmのフタつき片手なべは、あらゆるゆでもの、煮物に。ほうれん草などもこれで1束ゆでてしまいます。このほかに大なべもあります。大きなものを煮るときや湯をたっぷり使うときはそちらで。

フライパン
直径25cmのフッ素樹脂加工のフライパンは、少し深さがあるので、揚げ焼きもできます。中身が見えるフタはイケアのもの。

まな板
まな板は2枚。通常サイズのものは樹脂製で裏面は滑り止めつき。ミニサイズのものは木製で薬味などを切ります。

菜箸
菜箸は両端が使えるタイプを1膳だけ。たくさんなくても問題ありません。保存容器にうつしたり、ボウルであえたりするときは普通の箸を使うこともあります。

ボウル
ボウルは学生時代にステンレス製のボウルとざるが複数セットになったものを購入し、いまでも使っています。小さいボウルはよく使うので、イケアで買い足しました。

バット・網
バットと網は揚げ焼きのときはもちろん、粉づけのときにも活用。揚げ物をしているときは、あいたコンロに置きます。

ざる
盆ざるは私にとって欠かせないアイテム。水きりラックの上に置いてゆで上がった野菜を湯きりし、広げて冷ますのに使っています。

計量スプーン
計量スプーンは貝印のもの。ステンレス製で平らなところに置いて液体が計量できます。大さじと小さじのみを使います。

計量カップ
オクソーの計量カップは上から見てもわかる計量ラインが使いやすいです。合わせ調味料を作るのもこの中でやってしまいます。

調理家電
デロンギの電気オーブン、電子レンジ、炊飯器、電気ケトルはキッチンの真うしろの棚にまとめて置いています。

第1章

初めてでも試しやすい「つくおき」おかずの組み合わせ

一度に複数のおかずを作ることに
慣れていない方にも試しやすい
おかずの組み合わせを2パターン考えました。
サブおかずだけの作り置きは
初めての方にはおすすめです。
段取りのポイントと作り置きのコツも
ぜひ参考にしてみてください。

作りやすい組み合わせ8品作り置き

鍋、フライパン、オーブン、電子レンジ、火を使わない、と調理方法を分散。まとめ作りに慣れない人もやりやすいはず。下ごしらえなし、90分でできる作りやすい8品です。

メイン
1 鶏のかぼちゃクリーム煮
2 レンチン鶏シュウマイ
3 肉みそ

サブ
4 ほうれん草のナッツあえ
5 ブロッコリーと卵のおかかツナマヨ玉ねぎあえ
6 ひよこ豆のトマトカレー煮込み
7 玉ねぎチーズのオーブン焼き
8 切り干し大根の梅肉ごま酢あえ

🛒 食材

肉・魚類

鶏もも肉	1枚（約300g）
鶏ひき肉（もも）	約270g
豚ひき肉	約380g

野菜

にんじん	1本
玉ねぎ	3個
かぼちゃ	1/8個
長ねぎ	1/2本
ほうれん草	1束
ブロッコリー	1株
トマト	2個
青じそ	4枚

その他（常備食材、買い置きがあったもの）

シュウマイの皮	1袋
ナッツ	適量
たけのこ（水煮）	1袋（120g）
卵	1個
かつお節（使い切りパック）	1袋
ツナ缶（オイルタイプ）	1缶
ミックスビーンズ（水煮）	1袋（125g）
スライスチーズ（溶けるタイプ）	2枚
切り干し大根	35g
梅干し	1粒

Point
- シュウマイの皮は1袋30枚程度なので、少し余ります。余ったら冷凍保存すればまた使えます。
- 長ねぎは残ったらそのまま保存するか、小口切りにして冷凍保存します。
- 玉ねぎは余ってもぴっちりラップをして冷蔵庫に入れておけば日持ちします。
- 乾物は使いやすいので常備しています。栄養があるのはもちろん、軽いので買い物もラクです。
- なるべく簡単で彩りもよいおかずで組み立てました。前日に下ごしらえをする必要がないので、土日のうち1日しか作業ができない週にも作れます。

Topic
青じその保存

青じそはびんに少し水をはった中に立てて入れ、ふんわりラップをかけて冷蔵庫で保存しています。この保存法だと1か月くらいはもちます。お弁当の仕切りや彩りに使えますよ。

タイムスケジュール

60分　　　　　　　　　　　　　　　　90分

ポイント（段取り編）

1 調味料、なべ、フライパン、食材を出しておく

調理に取りかかる前に、8品分の食材、調味料、調理器具をできる限りキッチンに広げ、何を、どの順番で作るか再確認。調理途中でそのつど取り出すと流れが途切れてしまい、作業効率が下がります。

2 まずはなべに湯を沸かし、卵、ブロッコリー、ほうれん草を連続ゆで。ゆで時間に野菜を切り分ける

調理器具を汚さないゆでものから調理を開始します。ゆで時間をチェックしながら、切りものをやってしまいます。時間がきたらざるにあげるなどして、また新しく湯を沸かして次の食材をゆでる準備をします。

3 卵をゆでる、切り干し大根を戻す、肉だね作りは早めに着手

時間のかかる下ごしらえは、余裕を見て早めに取りかかります。ゆで卵作りはいつも一番最初。普段はサブ→メインと区切って調理しますが、今回はシュウマイの肉だねを成形前に冷しておきたいので、サブおかずの工程の合間に作ります。

4 玉ねぎを切り分けたらすぐにオーブン焼きに

オーブン調理は完成までに時間がかかるもの。一番最初に予熱スタートして、ゆでもの工程の合間に材料を入れてタイマーをセットしてしまいます。ほったらかしでいいので、焼いている間に他のおかず作りができます。

5 メインおかずを作る前にリセット

サブ→メインの順で作ると作業が整理しやすくなります。メインおかずの調理が始まるとコンロの前につきっきりになることが多いです。一度作業台やシンク内をきれいにしておくことで効率的に調理ができます。

6 クリーム煮は材料を入れたらコンロを移動

クリーム煮は材料をすべて入れ終わったら奥のコンロへ移動。とろ火調節がしやすいので、焦げつきを防げます。その間に手前左のコンロで肉みそ炒めを。あいている右のコンロは食材を置いています。

7 クリーム煮→肉みそを作ったらレンチンシュウマイは最後に

メインおかず3品はクリーム煮（煮物）→肉みそ（炒め物）→シュウマイ（電子レンジ調理）の順で作ります。シュウマイを電子レンジにかけている間に、できたおかずを保存容器にうつしたり、洗いものをしたりできます。終わったときにはキッチンがきれいになっています。

ほったらかしでできるクリーム煮。作り置きにしなくても普段のメインおかずとしてもおすすめ。ゆでブロッコリーを加えても。

調理時間 **30**分 ｜ 保存 冷蔵**5**日 ｜ **¥454** ｜ 片手なべ調理

鶏のかぼちゃクリーム煮

材料（保存容器中1個分）

鶏もも肉……約300g
A［塩、粗びき黒こしょう各適量］
かぼちゃ……1/8個
にんじん……1/2本
玉ねぎ……1/4個
顆粒コンソメ……小さじ1
牛乳……250ml
片栗粉……適量
塩……3つまみ
粗びき黒こしょう……適量

作り方

1. 鶏肉はフォークで数か所してAを振り、一口大に切る。
2. 玉ねぎは薄切り、にんじんは小さめの乱切りにする。かぼちゃは一口大に切り、ところどころ皮を切り落とす。
3. なべに玉ねぎ、にんじん、コンソメを入れ、水（分量外）をかぶるぐらいに加えて強めの中火にかける。やわらかくなったら牛乳、かぼちゃ、片栗粉を薄くまぶした鶏肉を入れて約10分煮る。塩、粗びき黒こしょうで味を調える。好みでゆでブロッコリーを加える。

MEMO

かぼちゃは時間差で煮る
かぼちゃを煮込みすぎると溶けてしまうので、時間差でなべに入れて煮込みます。少し溶け出すころまで煮るとクリームスープにかぼちゃのうまみも加わっておいしいです。

火加減に注意
牛乳を入れて火にかけたあとは、火の通りをよくするために、フタを少しずらすようにします。沸騰させると牛乳が分離してしまうので、沸騰する前に火を弱めてコトコトと煮ます。

保存するとさらさらに
片栗粉でとろみをつけているので、冷蔵保存するとさらさらっとしたスープになります。お持ちでしたら、コーンスターチを使ったほうがとろみは継続するかもしれません。

レンジでできる、作ってみると意外と簡単なシュウマイです。肉だねに味はついていますが、お好みでしょうゆをつけて食べてください。

調理時間 **15分** | 保存 冷蔵**5日** | **¥458** | 電子レンジ調理 お弁当に | 冷凍しても

レンチン鶏シュウマイ

材料(保存容器大1個分)

鶏ひき肉(もも)……約270g
長ねぎ……½本
シュウマイの皮
　……14〜18枚
A[ごま油大さじ1　しょうゆ、砂糖各大さじ½　中華スープのもと(練りタイプ)小さじ1　しょうが(チューブ)4㎝　塩ひとつまみ]

作り方

1. ねぎはみじん切りにしてボウルに入れ、ひき肉、Aを加えて混ぜ合わせる。
2. 1を直径3〜4㎝のボール状に成形し、シュウマイの皮で包む。
3. シリコンスチーマーなどの耐熱容器にクッキングシートを敷いて2を並べ、容器の底に少量の水を入れて電子レンジで4分30秒加熱する。

MEMO

調味料を合わせる順番
面倒でなければ、砂糖→塩→その他の調味料と加えてそのつどよく混ぜ合わせてください。砂糖の保水効果のために先に砂糖を全体に混ぜ合わせるといいです。

成形はディッシャーで
肉だねの成形はアイスクリームディッシャーが便利。混ぜ合わせた肉だねは成形しやすいように冷蔵庫で冷やしておきます。

皮の包み方
肉だねを並べてから、上に皮をかぶせてひっくり返す方法が楽でした。周りの皮は肉だねの側面に添わせるだけで大丈夫。適当な感じで問題ありません。

いっぱい作って冷凍保存したい常備菜。肉感たっぷりですが、見た目によらず野菜がたっぷり入っています。めんやごはんにかけてどうぞ。

調理時間 **15**分 | 保存 冷蔵**7**日 | **¥547** | フライパン調理 | お弁当に | 冷凍しても

肉みそ

材料（保存容器大1個分）

豚ひき肉……約380g
玉ねぎ……1個
たけのこ（水煮）
　……1袋（120g）
A［赤みそ大さじ3　オイスターソース小さじ2　豆板醤、中華スープのもと（練りタイプ）各小さじ1　水50ml］
サラダ油……少々

作り方

1. 玉ねぎ、水けをきったたけのこはみじん切りにする。
2. フライパンに油を熱し、玉ねぎを透き通るくらいまで炒める。ひき肉を加えて色が変わるまで炒め、たけのこを加えてさっと炒め合わせる。
3. 混ぜ合わせたAを加え、水分が適度にとぶまで煮る。好みで塩少々で味を調える。

MEMO

ひき肉の油分

使用するひき肉の赤身の割合によるのですが、炒めると脂がどんどん出てくるものがあります。炒めていて脂がいっぱい出るようなら、ペーパータオルでふき取ってください。

食べ方アイデア

ゆでた中華めんを器に入れ、肉みそと切った水菜などをのせて、湯で溶いた中華スープのもとをかけて食べます。ごはんなら、炒り卵と一緒にのせて食べるとおいしいです。

ナッツとオイスターソースのコクとうまみがきいた簡単なあえ物。ほうれん草は少し固めにゆでたほうがおいしいです。

調理時間 **10**分 ／ 保存 冷蔵 **3**日 ／ **¥158** ／ 片手なべ調理 お弁当に

ほうれん草のナッツあえ

材料（保存容器中1個分）

ほうれん草……1束
ナッツ（くるみなど）
　……適量
A［砂糖大さじ½　オイスターソース小さじ1.5　しょうゆ小さじ½］

作り方

1 なべにたっぷりの湯を沸かして塩（分量外）を加え、ほうれん草を固めにゆで、ざるにあげて粗熱をとる。根元を切り落とし、4等分に切って、束ごとにしっかり水けを絞る。
2 ボウルにざっくり刻んだナッツ、Aを入れて混ぜ合わせ、1を加えてあえる。

MEMO

ナッツの種類
くるみのほか、カシューナッツやアーモンドでもおいしいです。くるみは3粒ほど使っています。

ほうれん草の水け
切ってから束にして絞ったほうが水けがよく絞れます。力が強すぎると葉がつぶれてしまうので、適度に加減してください。

マヨネーズにツナとおかかを加えた風味豊かなあえ物です。ブロッコリーを使うおかずのレパートリーのひとつにどうぞ。

調理時間 **10**分 ｜ 保存 冷蔵 **4**日 ｜ **¥226** ｜ 片手なべ調理 お弁当に

ブロッコリーと卵の
おかかツナマヨ玉ねぎあえ

材料（保存容器中1個分）

ブロッコリー……1株
卵……1個
玉ねぎ……¼個
かつお節（使い切りパック）
　……1袋
ツナ缶（オイルタイプ）
　……1缶
A［マヨネーズ大さじ1.5　オイスターソース小さじ2　砂糖小さじ1］

作り方

1. 卵は水から10分ほどゆでて固ゆでにして、殻をむいて粗みじん切りにする。玉ねぎは薄切りにして水にさらす。
2. なべにたっぷりの湯を沸かして塩少々（分量外）を加え、小房に分けたブロッコリーを入れて固めにゆで、ざるにあげて粗熱をとる。
3. ボウルにツナをオイルごと入れ、A、1を加えて混ぜ合わせ、2→かつお節の順に加えて、そのつど混ぜる。

MEMO

玉ねぎの辛み
玉ねぎの辛みが気になる場合は、玉ねぎをレンジで1～2分加熱してから使用するといいです。加熱した場合はあえる前に広げて粗熱をとっておきます。

卵は混ぜすぎないように
卵の黄身は調味液とよく混ぜ合わせますが、白身はつぶしすぎないようにしたほうが食感が残っておいしいです。

キーマカレーのひき肉を抜いて副菜に。カレーと相性がいいひよこ豆を使った、トマトのうまみたっぷりのおかずです。

調理時間 **20**分　保存 冷蔵**7**日　**¥287**　片手なべ調理 　お弁当に 　冷凍しても

ひよこ豆のトマトカレー煮込み

材料（保存容器中1個分）

豆の水煮（ひよこ豆、キドニービーンズなど）
……1袋（125g）
玉ねぎ……大½個
トマト……中2個
カレールウ（フレークタイプ）
……大さじ2
顆粒コンソメ……小さじ1

作り方

1 玉ねぎはみじん切りに、トマトはざく切りにしてなべに入れ、火にかけてトマトをつぶしながら煮る。

2 トマトの水分が出てきたら、コンソメ、水けをきった豆を加え、フタをして煮る。水けが少し残っている程度になったら、いったん火を止めてカレールウを加えて混ぜ、再び火にかけてとろみが出るまで煮る。

MEMO

カレールウについて
私はフレークタイプのものを使っています。ブロックタイプの場合は削って計量してください。

豆の水煮について
私はひよこ豆の水煮にキドニービーンズをミックスしたタイプのものを使っています。ひよこ豆だけでも問題ありません。

オーブンで玉ねぎをしっかり焼くことで甘みが出ます。再加熱してもおいしく、お弁当にもおすすめ。サンドイッチの具にしても。

調理時間 **30** 分 | 保存 冷蔵 **4** 日 | **¥109** | オーブン調理 お弁当に

玉ねぎチーズのオーブン焼き

材料（保存容器中1個分）

玉ねぎ……大1個
オリーブオイル（またはサラダ油）……大さじ1
スライスチーズ（溶けるタイプ）……2枚程度
A［塩、粗びき黒こしょう 各少々］

作り方

1. 玉ねぎは半分に切り、1cm幅程度に横に切る。天板にクッキングシートを敷き、玉ねぎを並べてオリーブオイルをかけてまぶし、Aを振る。
2. 200℃のオーブンで20分焼き、一度取り出してちぎったチーズをのせ、チーズに焦げ目がつくまで200℃で5分程度焼く。

MEMO

チーズについて

チーズは加熱用のものを使うのがおすすめ。溶けるタイプのスライスチーズでも、ピザ用のミックスチーズでも、お好みのものを使ってください。

油のからめ方

ボウルに入れてからめてもいいのですが、私は面倒なので天板の上に並べた玉ねぎに直接かけて、まんべんなくまぶすようにしています。

青じそ、梅、いりごまの香りがよく、箸休めにもぴったりなおかず。甘酸っぱい味つけと、切り干し大根のぱりぱり感がおいしいです。

調理時間 10分　保存 冷蔵5日　¥134　火を使わない調理

切り干し大根の梅肉ごま酢あえ

材料（保存容器中1個分）

切り干し大根……1袋(35g)
にんじん……½本
青じそ……4枚
梅干し……1粒
A［調味酢大さじ1.5　砂糖大さじ1　しょうゆ大さじ½］
※調味酢についてはp.13参照

作り方

1. 切り干し大根は水で戻す。にんじんは細切りにして電子レンジで2分加熱してやわらかくする。
2. 梅干しは種を取ってたたき、ペースト状にする。青じそはせん切りにする。
3. ボウルにAを混ぜ合わせ、水けを絞って食べやすい長さに切った切り干し大根、にんじん、を加えてあえる。好みでいり白ごまを混ぜる。

> **MEMO**
>
> **にんじんのレンジ加熱**
>
> 細切りにしたにんじんは耐熱容器に入れてレンジ加熱し、粗熱をとってからあえるようにします。細めに切って塩もみをすれば加熱しなくても食べられるので、お好みでレンジ加熱してください。

副菜ばっかりパパッと6品作り置き

簡単な副菜だけ60分でできる作り置きなら休日以外でゆとりのあるときにもできます。
私もひとり暮らしのときは副菜だけでした。初心者の方にもおすすめのコースです。

メイン

なし

サブ

1 きゅうりともやしのツナあえ
2 長いもと卵のグラタン
3 小松菜のナムル
4 ミックスビーンズとれんこんの
　ごまサラダ
5 ウインナーとコーンのカレー炒め
6 セロリとパプリカのマリネ

食材

肉・魚類

なし

野菜

きゅうり	2本
もやし	1袋
長いも	約300g
小松菜	1束
れんこん	小1節
玉ねぎ	¼個
セロリ	2本
パプリカ（赤・黄）	各½個

その他（常備食材、買い置きがあったもの）

ツナ缶（オイルタイプ）	1缶
卵	2個
ハム	5枚
スライスチーズ（溶けるタイプ）	適量
ミックスビーンズ（水煮）	1袋（125g）
冷凍えだまめ	10さや程度
ウインナーソーセージ	1袋（6本）
冷凍コーン	100g程度

Point
- 副菜ばかりですが、ウインナー、ハム、ツナ、卵、チーズといったたんぱく質を合わせ、食べごたえのあるものを組み合わせました。
- セロリは茎だけを使います。葉は冷凍保存しておけば、つくだ煮（p.46）やセロリ葉と大根の酢漬け（p.123）に使えます。
- パプリカは彩りのために2色使いましたが、赤、黄どちらか1個にしても構いません。小さいものであれば1個ずつ使っても良いです。
- 玉ねぎは余ってもぴっちりラップをして冷蔵庫に入れておけば日持ちします。
- 冷凍えだまめと冷凍コーンは私が常備している食材。リーズナブルで、彩りにも使えるのが便利です。
- ミックスビーンズはサラダ用として売っているものを使いました。
- 今回使うサラダではれんこんは細めを使ったほうが見た目がかわいくなります。

🕐 タイムスケジュール

	前日（10分）	0分
火を使わない 🔥	1 きゅうりを板ずり（ツナあえ） **Start**	4 れんこんを切る（ごまサラダ）　6 玉ねぎを切る（カレー炒め）　8 きゅうりを切る（ツナあえ） 5 パプリカを切る（マリネ）　7 セロリを切る（マリネ）
片手なべ 🍲		3 卵をゆでる（グラタン）　→ 湯を沸かす
フライパン 🍳		
オーブン ⬜		2 予熱（グラタン）

30分　　　　　　　　　　　　　　　　　　　　　　　　　60分

10 長いも、ハム、ゆで卵を切る（グラタン）　　12 ウインナーを切る（カレー炒め）　　19 ごまサラダを仕上げる　　完成 p.41　　21 ナムルを仕上げる　　完成 p.40

完成 p.43　　18 マリネを仕上げる　　20 ツナあえを仕上げる　　完成 p.38

 湯を沸かす  湯を沸かす

9 もやしをゆでる（ツナあえ）　　13 小松菜をゆでる（ナムル）　　17 れんこんをゆでる（ごまサラダ）

14 玉ねぎを炒める（カレー炒め）　　15 ウインナーを炒める（カレー炒め）　　16 コーンを炒め、調味する（カレー炒め）　　完成 p.42

11 マヨネーズ＆チーズをのせて焼く（グラタン）　　完成 p.39

35

ポイント（作り置きのコツ編）

1 小松菜は固めにゆで、自然に冷まし、切ってから絞る

ゆでた青菜は、シンク用水きりラックの上に置いた盆ざるにあげてできるだけ広げ、ざるの下からも蒸気を逃がしながら自然に冷まします。水けを絞るときは切ってから絞ったほうが、適度な力で効率よく水けが抜けます。

2 きゅうりは2段階で水けをしっかりきる

水分が多いきゅうりは、しっかり下ごしらえをしておかないと保存している間に味が薄まったり、食感が悪くなったりします。私は前日にまな板の上に塩を振って、その上をゴロゴロさせる「板ずり」をしてペーパータオルに包んで冷蔵庫へ入れます。これでかなり水けが出ます。さらに細切りにしてからすぐあえるのではなく、ざるの上にペーパータオルを敷いた上に置いておくと、ほどよく水分が出て時間がたってもシャキシャキです。

3 サラダのドレッシングにすり白ごまを加える

「ごまサラダ」でドレッシングに入れたすりごまのように、調味液に汁けを吸ってくれる食材を入れるのも水っぽくならないための作り置き調理のコツ。風味やうまみもアップします。お弁当にも入れやすくなりますよ。かつお節も同じ役割を果たしてくれます。

4 ナムルはごま油でコーティングするからパサつかない

野菜の作り置きおかずが時間がたって味が劣化する原因のひとつに乾燥があります。パサパサにならないように適度にオイルを使います。調味液にごま油が入っているナムルは作り置き向きの副菜。長いものグラタンもチーズ＆マヨが水分蒸発をカバーしてくれます。

5 お酢をきかせて多めの調味液に漬ける

「水けはできるだけきる」が作り置きの鉄則ですが、マリネのようにあえて調味液に漬け込むものもあります。「ねかせておいしい」おかずですね。調味液ごと保存容器に入れて、水けが出てもそのままで。皿に盛るときや、お弁当に入れるときに、水けをきるようにします。

サブ

きゅうりともやしのシャキシャキ食感がおいしいおかず。オイル漬けのツナ缶は、うまみのある缶汁ごと使ってください。

調理時間 **15**分 ／ 保存 冷蔵**3**日 ／ ¥**158** ／ 片手なべ調理 ／ お弁当に

きゅうりともやしのツナあえ

材料（保存容器中1個分）

きゅうり……2本
もやし……1袋
ツナ缶（オイルタイプ）
　……1缶
A［調味酢大さじ2　砂糖、しょうゆ、すり白ごま各大さじ1］
※調味酢についてはp.13参照

作り方

1. きゅうりはまな板の上に並べ、塩適量（分量外）を振って転がし、ペーパータオルで包んで水けをとる。水けが出たら、細切りにする。
2. なべに湯を沸かし、もやしを入れ、フタをして6分ゆで、ざるにあげて水けをきる。
3. ボウルにAを混ぜ合わせ、ツナを缶汁ごと加え、さらに1、2を加えてあえる。

MEMO

きゅうりの板ずり

きゅうり1本に対し、塩ひとつまみ（親指・人差し指・中指でつまむ）を振りもみ込みます。時間がある場合は前日に板ずりをしたものを使うとより水分が抜けています。それでも保存中に水が出てくるので、たまったらそのつど捨てるようにすると長持ちします。

もやしのゆで方

もやしは独特のにおいがありますが、フタをして6分程度ゆでると消えます。

分量を変えても

きゅうり3本、もやし½袋でも作れます。

長いもは焼くとほくほくとした独特の食感に。マヨネーズとチーズをのせたら、あとはオーブンまかせの簡単なグラタンです。

調理時間 **20分** ／ 保存 冷蔵**3日** ／ **¥370** ／ オーブン調理 ／ お弁当に

長いもと卵のグラタン

材料（保存容器中1個分）

長いも……約300g
卵……2個
ハム……5枚
マヨネーズ……大さじ1.5
スライスチーズ（溶けるタイプ）、粗びき黒こしょう
　……各適量

作り方

1. 長いもは5mm幅程度の輪切りにする。卵は固めにゆでて、輪切りにする。ハムは4等分に切る。
2. 耐熱容器に長いも、卵、ハムを交互に並べ、マヨネーズをのせ、こしょうを振って、チーズをのせる。
3. 180℃のオーブンで約15分焼く。好みでパセリを散らす。

MEMO

チーズの種類

溶けるタイプのスライスチーズをちぎってのせても、ピザ用チーズでも、どちらでもお好みで作れます。

長いもは下ごしらえいらず

いも類は火が通りにくく、グラタンにするには下ゆでが必要なものが多いですが、長いもは生のまま焼いても大丈夫です。オーブン調理ができる保存容器で作れば、そのまま冷蔵庫に入れられますよ。

小松菜1束がもりもり食べられます。ナムル用合わせ調味料の配合を覚えておくとほかの野菜でも応用がききますよ。

調理時間 **10**分 ／ 保存 冷蔵3日 ／ ¥130 ／ 片手なべ調理 ／ お弁当に

小松菜のナムル

材料（保存容器中1個分）

小松菜……1束（8株ぐらい）
A［ごま油、いり白ごま各大さじ1　しょうゆ小さじ1　中華スープのもと（練りタイプ）小さじ½　にんにく（チューブ）2cm］

作り方

1. なべに湯を沸かし塩少々（分量外）を入れ、小松菜を根元から入れてゆで、ざるにあげる。粗熱がとれたら根元を切り落とし、4～5cm幅に切って水けを絞る。
2. ボウルにAを混ぜ合わせ、1を加えてあえる。

MEMO

ゆでた葉野菜の水けのきり方

切ってから束にして、きゅっと絞る感じで行います。握りつぶさないくらいの力加減で、表面に力をかける感じです。

にんにくチューブについて

ナムルのようなレシピではやみつき系の味を出したいため、チューブタイプのものを使用するのがおすすめです。

お豆の水煮と冷凍えだまめ、れんこんをごま風味に味つけしたサラダです。晩ごはんの副菜、お弁当にも入れやすいレシピ。

調理時間 **10**分 | 保存 **冷蔵7日** | **¥220** | 片手なべ調理 お弁当に

ミックスビーンズとれんこんのごまサラダ

材料（保存容器中1個分）

ミックスビーンズ（水煮）
　……1袋(125g)
冷凍えだまめ
　……10さや程度
れんこん……小1節
A［マヨネーズ、酢、すり白ごま各大さじ1.5　砂糖小さじ1　オイスターソース少々］

作り方

1 冷凍えだまめは水にひたして解凍し、さやから豆を出す。ミックスビーンズはざるにあげて水けをきる。

2 れんこんは5mm幅程度のいちょう切りにして水にさらし、さっとゆでる。

3 ボウルにAを混ぜ合わせ、1、水けをきった2を加えてあえる。

MEMO

ミックスビーンズについて

私は水煮タイプを使うので水けをきりますが、ドライパックの場合はそのまま加えても構いません。調味液にあえるタイプのサラダの場合、使う食材の水けは極力取り除くことが大事。味も日持ちもよくなります。

れんこんの変色

れんこんはゆでると変色してしまうときがあります。気になる方は酢を少量加えてゆでるといいようです。

ウインナー＆コーンはハズさないおいしさ。副菜でありながら満足感があります。黄色い色はお弁当の彩りにも使えて便利です。

調理時間 **10**分 ｜ 保存 冷蔵**5**日 ｜ **¥192** ｜ フライパン調理 ｜ お弁当に

ウインナーとコーンのカレー炒め

材料（保存容器中1個分）

ウインナーソーセージ
　……1袋（6本）
冷凍コーン
　……適量（100g程度）
玉ねぎ……¼個
A［カレー粉、顆粒コンソメ
各小さじ1］
サラダ油……少々

作り方

1. ウインナーは食べやすい大きさに切る。玉ねぎはみじん切りにする。
2. フライパンに油を熱し、玉ねぎを透き通るくらいまで炒め、ウインナー→コーンの順に加えて炒める。
3. Aを加え、炒め合わせる。好みでパセリを散らす。

MEMO

冷凍コーンについて

コーンは私が常備している数少ない冷凍食材。缶タイプのほうが味は好きですが、使いたい分だけ使えるので冷凍を選んでいます。料理をするときには厳密な計量はせず、凍ったままフライパン（直径24〜26㎝）の底に、敷き詰められるくらいザーッと入れています。

フレンチドレッシング風の味つけでセロリとパプリカを漬けました。切ってあえるだけ。彩りがいいのでお弁当にもおすすめです。

調理時間 5 分　保存 冷蔵4日　¥424　火を使わない調理 　お弁当に

セロリとパプリカのマリネ

材料（保存容器中1個分）

セロリ（茎）……2本分
パプリカ（赤・黄）
　……各½個
A［白ワインビネガー大さじ3　オリーブオイル大さじ2　塩小さじ1　粗びき黒こしょう適量］

作り方

1 セロリは筋を取り、食べやすい大きさに切る。パプリカも食べやすい大きさに切る。

2 ボウルにAを混ぜ合わせ、1を加えてあえる。

MEMO

ビネガー&オイルはお好みで

白ワインビネガーがないときは調味酢などで代用してください。オリーブオイルの香りが気になる方は半分グレープシードオイルにするなど、お好みでどうぞ。酢と塩を混ぜ合わせてから、オイルを入れながらよく混ぜます。

保存中も混ぜ合わせる

マリネ液が全体に行き渡るように、1日1回は冷蔵庫から出して混ぜ合わせることをおすすめします。食べるときにもよく混ぜ合わせます。

43

プラスαのサブおかず

半端に余りがちな野菜の使い切りに、
リーズナブルな野菜でもう1品、というときにおすすめの、
パパッと作れるおかずです。

調理時間 5分　保存 冷蔵5日　¥99

フライパン調理　お弁当に

長ねぎの照り焼き

材料（保存容器小1個分）

長ねぎ1本　A[みりん小さじ2　しょうゆ小さじ1]　サラダ油少々

作り方

❶長ねぎは食べやすい長さに切る。フライパンに油を熱し、ねぎを入れ、フタをして強めの中火で焼く。❷焼き色がついたらフタを取って裏返し、反対側も同様に焼く。❸Aを入れてからめる。

MEMO　私は白いところも青いところも全部食べます。料理によって白いところしか使わない場合もあるので、半端に余った青いところを集めてこれを作ることもあります。長ねぎは少し焦げ目があるくらいのほうがおいしそうに見えます。フタをして蒸し焼きにしているときに動かさないようにすると、きれいな焼き色がつきます。少し強めの火で調理しているので、初めて作る方は焦がしすぎないように注意してくださいね。

簡単すぎる常備菜。「ねぎま」のねぎのみ、というイメージです。フライパンで蒸し焼きにして甘みをしっかり出すのがポイント。

調理時間 5分　保存 冷蔵5日　¥69

電子レンジ調理

白菜の即席漬け

材料（保存容器中1個分）

白菜⅛株　A[塩小さじ1　塩こんぶ2つまみ]

作り方

❶白菜は食べやすい大きさに切る。❷耐熱袋に１、Aを入れて軽くもみ込む。❸袋の口を少しあけ、電子レンジで1分加熱する。

MEMO　加熱してから20分くらいすると味がなじみます。袋のまま保存してもいいのですが、保存容器にうつし替えたほうが取り出しやすいです。

時間のかかる漬け物が電子レンジですぐ完成。余ってしまいがちな白菜の消費にぴったりのサブおかずです。

ほうれん草のラー油ナムル

調理時間 15分 / 保存 冷蔵 4日 / ¥152
片手なべ調理 / お弁当に

材料(保存容器中1個分)
ほうれん草1束　A[いり白ごま大さじ1〜2　ごま油大さじ½　しょうゆ少々　中華スープのもと(練りタイプ)小さじ½　にんにく(チューブ)5㎝　ラー油2プッシュ]

作り方
❶ なべに湯を沸かし、塩少々(分量外)を加えてほうれん草を入れる。フタをしてゆで、ざるにあげて水けをきる。❷ 1の根元を切り落とし、4等分に切って1束ずつ手でやさしく握り、水けをきる。❸ ボウルにAを合わせ、2を加えてあえる。

MEMO　私は1束を直径18㎝の片手なべでゆでてしまいます。熱湯に茎のほうから入れ、30秒ほどたってしなりしてきたら折り曲げるようにして葉も入れます。菜箸で押し込み、フタをします。ときどきフタをあけて、全部が湯につかるように菜箸で押したり、向きを変えたりします。

ラー油を効かせたピリ辛ナムルです。定番ナムルより「やみつき」度がさらにアップ。ラー油はお好みで食べるときに加えても。

もやしと塩こんぶの梅あえ

調理時間 10分 / 保存 冷蔵 3日 / ¥78
片手なべ調理 / お弁当に

材料(保存容器中1個分)
もやし1袋　梅干し大1粒　A[塩こんぶひとつかみ　調味酢(※p.13参照)大さじ1.5　しょうゆ小さじ1]

作り方
❶ なべに湯を沸かし、もやしを入れてフタをして6分ゆで、ざるにあげて水けをきる。❷ 梅干しは種を取り、包丁でたたいてペースト状にする。❸ ボウルに2とAを混ぜ合わせ、1を加えてあえる。

MEMO　もやしは6分程度ゆでるとくたっとなりますが、シャキシャキ食感はちゃんと残ります。時短をしたい場合はさっとゆでるだけでも大丈夫です。梅肉を「たたく」とは、手首のスナップと包丁の重さを利用して食材を細かく刻むこと。梅肉はたたいていくと、なめらかなペースト状になります。

和の「うまみ」食材をダブル使いした、失敗しない簡単な味つけのあえ物です。もやしの食感がシャキシャキでおいしいです。

| 調理時間 10分 | 保存 冷蔵 5日 | ¥76 |

片手なべ調理 お弁当に

にんじんのナムル

材料（保存容器中1個分）
にんじん1本　A［いり白ごま大さじ½　ごま油小さじ2　中華スープのもと（練りタイプ）、しょうゆ各小さじ1　にんにく（チューブ）3cm］

作り方
❶にんじんは細切りにする。なべに湯を沸かし、にんじんを入れてやわらかくなるまでゆで、ざるにあげて水けをきる。
❷ボウルにAを混ぜ合わせ、1を加えてあえる。

MEMO　練りタイプの中華スープのもとを使っているので、ゆで上がったにんじんの熱で溶かすようにします。にんじんは軽くレンジにかけてもいいです。この本では小松菜のナムル（p.40）、ほうれん草のラー油ナムル（p.45）も紹介しています。これらを作って、焼肉のたれで味つけした肉と一緒にごはんにのせればビビンバ風になります。

ナムルは日持ちするので作り置きに便利。中でもにんじんは日持ちする食材。1袋買って、余った1本使い切りにも活用できます。

| 調理時間 10分 | 保存 冷蔵 5日 | ¥138 |

フライパン調理　お弁当に

セロリの葉のつくだ煮

材料（保存容器小1個分）
セロリの葉4本分くらい　酒、みりん各大さじ1　しょうゆ小さじ2　いり白ごま適量　サラダ油少々

作り方
❶セロリの葉はみじん切りにする。❷フライパンにサラダ油を熱し、1をしんなりするまで炒める。❸酒→みりん→しょうゆの順に加え、水分がとぶまで炒める。火を止めてごまを混ぜ合わせる。

MEMO　料理でセロリの茎部分しか使用しない場合、葉の部分をポリ袋に入れて冷凍保存しています。たまってきたらつくだ煮にします。袋の上からもむようにすると、砕けてみじん切り状になりますよ。炒め油はお好みでごま油を使っても香りが加わっておいしいです。

捨ててしまいがちなセロリの葉を使ったつくだ煮です。お弁当のふりかけや、混ぜ込んでおにぎりにするのもおすすめ。

材料(保存容器大1個分)
キャベツ¼玉　塩少々(3つまみくらい)
A［穀物酢大さじ2　砂糖、マヨネーズ、粉末かつお節、すり白ごま各大さじ1　しょうゆ小さじ2　にんにく(チューブ)3㎝］

作り方
❶キャベツはせん切りにして塩をもみ込み、ざるにあげて水けをきる。❷ボウルにAを合わせ、1を加えてあえる。

MEMO キャベツのせん切りは専用のスライサーを使っていますが、もちろん包丁で切っても問題ありません。キャベツに塩をもみ込んでから、できれば30分くらいおくとしっかり水が出ます。あえる前にはざるにキャベツを押しつけて、しっかりと水けを絞るのがおいしさのポイントです。

調理時間 **10分**　保存 冷蔵 **3日**　**¥95**

火を使わない

キャベツのごまだれ

お好み焼きや焼きそばに使う粉末状のかつお節を使用。だしがきいたごまだれでたっぷりのキャベツをあっという間に食べられます。

材料(保存容器中1個分)
大根¼本　塩2つまみ　A［しょうゆ小さじ½　かつお節(使い切りパック)1袋］

作り方
❶大根は細切りにし、塩をもみ込んで水けをきる。❷Aと1をあえる。

MEMO 私は前日に大根を塩もみしておいて翌日調理することが多いですが、その日に作る場合は1時間ほど重しをして置いておき、ペーパータオルなどで絞るようにして、しっかり水けをきるとよいです。

調理時間 **10分**　保存 冷蔵 **4日**　**¥62**

火を使わない

大根のおかかしょうゆあえ

どこか懐かしい感じがする簡単おかずです。大根消費にもぴったり。

47

もっと料理がラクになる
レシピの覚え方 見つけ方

レシピの味つけや調理方法には共通点があります。
基本を頭に入れたら、あとは±αの要素を理解すると覚えるのがラクですよ。

コツ1 まずは覚えやすい味つけの割合をチェック

「基本」といわれるレシピを確認。しょうゆ、砂糖、みりん、酒、酢などといった基本的な調味料を同量ずつ混ぜるだけで、味がしっかり決まるものを見つけて覚えます。

例 南蛮 → 酢 **1** : しょうゆ **1** : 砂糖 **1** → 揚げなすを漬ければ → なす南蛮

例 煮物 → 酒 **1** : みりん **1** : しょうゆ **1** : 砂糖 **1** → 水を加えて煮れば → かぼちゃの煮物

コツ2 微妙な味つけは、基本調味料に照らし合わせて

同比率の調味料をベースに、少しだけ増やしたり減らしたりする調味料があるレシピも覚えやすいもののひとつ。微調整する調味料の分量は、自分で食べてみて好みのバランスを見つけます。

例 きんぴら → 酒 **1** : みりん **3** : しょうゆ **1** → 基本のきんぴらごぼう (p.115)

コツ3 調味料の共通点を見つける

調味料の基本比率から足し算、引き算して味に変化を。似た味つけになる調味料同士で調整しています。オイスターソースを加えたらしょうゆを引く、マヨネーズを加えたらオイルを引く…など自分アレンジで新しい味を作ります。

例 照り焼き → みりん **2** : しょうゆ **1** : 砂糖 **0.5** → チキン照り焼き

白だし、しょうゆを多めにして → 和風ハンバーグ (p.62)

※照り焼き味をベースに全体の配合を変えて、濃いめのたれに仕上げます

\ ここで確認 /
「つくおき」流 味の基本配合

私のレシピによく出る味つけの基本配合をピックアップしました。作るおかずを決めるときは、同じ分類のものができるだけないようにしています。ピリ辛を足す、香りを足す、などの要素を取り入れて、「知ってるレシピ」±α＝「これから覚えるレシピ」と考えるとレパートリーが広がります。

基本の煮物（和風）

酒 : みりん : しょうゆ : 砂糖
1 : 1 : 1 : 1

和

＋白だし
p.119 かぼちゃのひき肉あん
白だしでうまみと塩けを加えて、しょうゆと砂糖の量を減らします。

＋しょうが、白だし
p.77 牛肉のしぐれ煮
しょうがと白だしの風味を加えて、しょうゆの量を減らします。

＋みそ、豆板醤
p.95 ピリ辛みそ照り焼き
みそと豆板醤でピリ辛とコクを加えて、しょうゆの量を減らします。

基本の照り焼き

みりん : しょうゆ : 砂糖
2 : 1 : 0.5

こっくり

基本の甘酢

酢 : しょうゆ : 砂糖
1 : 1 : 1

さっぱり

＋しょうゆ、サラダ油
p.68 れんこんと彩り野菜の甘酢サラダ
酢を多めにしてしょうゆを減らしています。

基本のマヨあえ

マヨネーズ : 酢 : 砂糖
1 : 1 : ¼

洋

基本のトマトソース

トマト缶 : 白ワイン : 塩
1 : ¼ : 小さじ1

＋しょうゆ、ごま
p.122 お豆とひじきの健康サラダ
しょうゆとすりごまの和テイストを加えています。

＋中濃ソース、砂糖
p.76 ミートソース
ひき肉、野菜を入れ、中濃ソースと砂糖を追加。塩は控えめに。

その他の定番味

おひたし　白だし1.5：しょうゆ1
ナムル　ごま油3：しょうゆ1：中華スープのもと（練りタイプ）½：にんにく（チューブ）½
ごまあえ　しょうゆ1：砂糖1.5：すり白ごま3

コツ4 作り方の共通点を知る

レシピは数多くありますが、作り方には共通点があります。共通する工程を意識してルール化していくと、レシピをざっと見ただけで作り方がわかるようになりますよ。

● 超基本の調理法を覚える

あえ物やサラダ、炒め物、フライパンで焼くもの、揚げ物、オーブン焼きが主な調理方法。まずはこれらの「基本」を覚えます。

あえ物やサラダ→生野菜やゆで野菜を合わせ調味液とあえる。
炒め物→炒めて合わせ調味液をからめる。
フライパンで焼くもの→フライパンに油を熱し、食材を焼く。
揚げ物→下味をつけて揚げる、または揚げて調味液をからめる。
オーブン焼き→下味をつけて焼く。

● レシピによって少しずつ異なる工程を覚える

例えば炒め物の場合、肉に粉をつけてから炒めるものと、じかに炒めるものがあります。とろみをつけたいおかず、肉の表面をしっかりコーティングして調味液をからめたいおかずは粉をつけます。
揚げ物でも、下味をつけた肉を揚げて完成するものもあれば、下ごしらえをした肉を揚げたあとにたれをからめて完成するものもあります。
一見異なる調理法でも、共通する部分はあります。ここまでは同じ、ここは違うなど、少し意識するだけでも頭に入りやすくなりますよ。

●「工程×味つけ」+αでレシピを考える

少しずつレシピを覚え、何も見ないで調理ができるようになったら、自分で自由な発想ができるようになってレパートリーが増えます。
同じ工程のレシピでたれだけアレンジしたり、使う食材を変えたりと、レシピにしばられず自分好みにいろいろ作れるようになりますよ。

p.101 エスニック風はんぺん鶏団子

はんぺんで肉をカサ増し&エスニックスパイスで味つけに変化!

Check! レシピを作り置き向きにするために

野菜の水けは できるだけ減らす

p.36の作り置きのコツでも紹介していますが、ゆでた野菜はできるだけ水けを飛ばします。もともと水分が多いきゅうりは板ずりをしてしっかりと水けをとり、水分によるいたみを防ぎます。

肉をおいしく食べられる 下ごしらえを

作り置きにすると、作り立てを食べるよりも硬さやにおい、アクが気になります。フォークなどでさして筋を切る、砂糖＆塩をすり込む、牛乳に漬けるなどの下ごしらえをすることが大事です。

揚げ物用の粉は 片栗粉がベース

揚げ物はレンジであたため直しをしたときに衣がどうしてもベチャッとしがち。衣には小麦粉よりも片栗粉を使ったほうが、再加熱したときのベチャつきを防げます。

とろみづけは コーンスターチで

水溶き片栗粉でとろみをつけると透き通ったあんになりますが、ゆるめのあんの場合は時間が経つととろみがなくなってしまいがちです。ソースなどのとろみを持続させたいものにはコーンスターチを使います。

アレンジがきく味に

p.26「肉みそ」、p.77「牛肉のしぐれ煮」のような「おかずのもと」になるものも作り置き向き。卵とじにしたり、生野菜にのっけたり、さまざまなアレンジができれば食べ飽きることもありません。

ムダが出ないよう 使う食材数を最小限に

いろいろな食材が少しずつ入っているレシピは、どうしても余り食材が出がちです。使う食材数を減らし、その分使うものは分量を増やして、野菜なら1個（1袋）または半分を消費できるようにアレンジするとうまく食材を使い切れますよ。

p.26「肉みそ」、p.77「牛肉のしぐれ煮」

第2章

おすすめの
おかず
1週間の
組み合わせ

今まで作ったレシピの中から、
1週間の作り置きを想定して
同時調理がしやすいように
組み合わせてみました。
120分で作れるメイン＆サブおかず10品を
2パターンご紹介します。
作り方の実況中継もお見せします。

バランスばっちり10品作り置き

和、洋、アジアンとバランスのいい組み合わせです。4種のメインおかずは魚、鶏、ひき肉、豚とすべて違う食材を使用。下ごしらえの工程のくふうで調理時間を短縮しています。

メイン
1 たらのみそマヨネーズ焼き
2 韓国風甘辛チキン
3 和風ハンバーグ
4 豚肉と玉ねぎのデミグラ風

サブ
5 ブロッコリーと卵のオイマヨあえ
6 カレーポテトサラダ
7 まるごとオクラのラー油あえ
8 切り干し大根とひじきのさっぱりマヨサラダ
9 れんこんと彩り野菜の甘酢サラダ
10 セロリの塩こんぶごま酢あえ

食材

肉・魚類

鶏もも肉	400g
豚こま切れ肉	約350g
豚ひき肉	約300g
たら	3切れ

野菜

ブロッコリー	1株
パプリカ（赤）	1個
オクラ	1袋
セロリ	1本
れんこん	2節
玉ねぎ	1個
じゃがいも	2個
にんじん	1本
ヤングコーン	8本
トマト	1個

その他（常備食材、買い置きがあったもの）

卵	3個
切り干し大根	40g
乾燥芽ひじき	約10g
冷凍小ねぎ	適量
かつお節（使い切りパック）	1袋

⏱ タイムスケジュール

1日め　下ごしらえ（10分）

手順	おかず	下ごしらえ
①	たらのみそマヨネーズ焼き	骨を抜き、塩を振ってペーパータオルで包む
②	韓国風甘辛チキン	フォークで数か所さして一口大に切り、調味液に漬ける
③	豚肉と玉ねぎのデミグラ風	豚肉を切り、フォークで何か所かさして牛乳に漬ける

2日め　調理（120分）

手順	火を使わない	フライパン	オーブン	片手なべ
下ごしらえ	マヨサラダ用にんじん（電子レンジ）			卵（ゆで）
				ブロッコリー（ゆで）
	ハンバーグ用玉ねぎ（電子レンジ）			オクラ（ゆで）
30分				
①				カレーポテトサラダ
②		れんこんと彩り野菜の甘酢サラダ		↓
③	切り干し大根とひじきのさっぱりマヨサラダ			
60分				
④	セロリの塩こんぶごま酢あえ			
⑤	ブロッコリーと卵のオイマヨあえ			
⑥	まるごとオクラのラー油あえ			
90分				
⑦			たらのみそマヨネーズ焼き	
⑧				豚肉と玉ねぎのデミグラ風
⑨		韓国風甘辛チキン	↓	
⑩		和風ハンバーグ		↓
120分				

 Point
- 卵の固ゆでには時間がかかるので、一番初めに行い、ゆでている間に切れるだけ野菜を切る。
- 卵のあとに片手なべでブロッコリー、オクラの順番にゆでるので、この2つは先に切っておく。
- にんじんと玉ねぎは電子レンジで加熱してやわらかくし、粗熱をとっておきたいので、早めに着手。
- ハンバーグの肉だね作りはサブおかずの工程の途中に行い、一度冷蔵庫で休ませる。
- サブおかず調理が終わったら、片手なべとフライパンを洗い、メインのおかずに。オーブンを使うものの準備が終わったら、片手なべに煮込みが必要なもの、フライパン調理のものの順番に調理する。

「つくおき」実況中継

サブおかず調理スタート

下ごしらえした食材

前日に下ごしらえしたのはメインおかずに使うたらと鶏もも肉と豚こま切れ肉。

⏱0分

サブおかずから調理。ゆでもの、切りもの、レンジ加熱ものを一気に。まずは時間のかかるゆで卵作りから。(オイマヨあえ用)

ゆでている間に切りものを。ブロッコリーは小房に分けて。

ラー油あえのオクラはヘタを削り落とします。

甘酢サラダのれんこんを薄切りにするときはボウルに水をはっておき、切ったらすぐ水にさらして。

にんじんは½本をマヨサラダ用に専用のスライサーで細切りにしてフタつき耐熱保存容器に、

残りはみじん切りにして、ボウルにうつしておきます。

切りものをしている間にゆで卵ができました。流水に当てながら殻をむきます。

にんじんの細切りをレンジ加熱。保存容器のフタをラップがわりに。少しすき間をあけておきます。

ぎゅうぎゅうに

ゆでもの、次はオイマヨあえのブロッコリー。茎を下にして入れてフタをします。

短いゆで時間の間も無駄にしないで切りものを。玉ねぎをみじん切りにします。

ゆで上がったブロッコリーは盆ざるに「おかあげ」。重ならないようにしっかり広げておきます。

ラー油あえのオクラはさっとゆでるだけで大丈夫。こちらもざるにあげて冷ましておきます。

レンジ加熱もの、第二弾はハンバーグ用の玉ねぎのみじん切り。しっかり冷ましたいので早めにやります。

レンジ加熱できたものはフタやラップをちょっとだけあけておきます。空気に当てて冷ましつつ乾燥を防止。

⏱30分

ポテトサラダ用のじゃがいもを水からゆでます。皮をむいて4等分に切ってなべに入れ、ひたひたの水を加えて火にかけます。

下ごしらえずみの材料がズラリ

ゆで時間がかかるので待つ間に乾物も戻します。甘酢サラダのヤングコーンやパプリカも切って、

ごま酢あえのセロリは食感をよくするために筋を取っておくことが大事。切り口から引き起こし、手ですーっと引っぱります。

斜め切りにしておきます。

まだじゃがいもをゆでていますが、あいたコンロでフライパンを使い甘酢サラダの仕上げを。ざるあげしたれんこんに粉をまぶして、

揚げ焼きに。ほかの野菜も加えて炒めている間に合わせ調味液作り。焼き色をつけたいので絶えず混ぜておかなくても大丈夫。

2つのコンロを使って同時調理しています。

フライパンの肌にじかに当たるように調味液を流し入れ、沸いてから全体を炒め合わせます。

甘酢サラダ finish

そろそろじゃがいもがゆで上がるころ。「竹串ですっと」とよく記載されてますが、私は菜箸でチェックしてしまいます。

あたたかいうちにカレールウを加えることで、熱で溶けてあえやすくなります。また1品できました。
ポテトサラダ finish

マヨサラダの乾物もいい感じに。戻した切り干し大根はざるにあげ、手でぎゅっと押さえて水けをしっかり絞ります。

しょうがはガーリックプレスを使ってボウルに直接つぶし入れます。すりおろすよりラクチン。

ひじき、切り干し大根、加熱したにんじんと調味料を合わせて1品できました。
マヨサラダ finish

切っておいたセロリと塩こんぶ、調味料を合わせます。
ごま酢あえ finish

ハンバーグの肉だねは成形前に少し冷蔵庫で冷やしたいので早めに混ぜます。手を汚したくないのでフォークで練ります。

包装ラップを再利用

ラップをして冷蔵庫です。ラップはスーパーの包装で使われていたものを流用しています。

オイマヨあえのゆで卵のカットは専用スライサーが便利。向きを変えて縦横カットすればみじん切りになります。

ゆで卵と調味料を混ぜ合わせたものにブロッコリーを合わせます。
オイマヨあえ finish

メインおかず調理スタート

オクラも合わせた調味液であえて、サブおかずがすべて完成。
ラー油あえ finish

一旦、調理器具をきれいに洗います。調理スペースもクリアにして、メインおかずを作りやすい状態にします。

たらのみそマヨネーズ焼きのみそを取り出すのに使うのはアイスディッシャー。ボウルにうつすときも、くっつかずにスムーズ。マヨネーズとみそを混ぜ合わせて、

天板に並べたたらに塗り広げます。これをオーブンへ。

デミグラ風のソース作りを。トマトをざく切りにして片手なべに入れて火にかけて、じっくり煮詰めていきます。

トマトが煮詰まってきたので、調味料を投入。洗いものを減らすため計量カップで合わせます。

あいてるコンロで甘辛チキンを。粉をまぶした鶏肉を揚げ焼き。となりのコンロではソース作り続行。時間はかかるけど、ほったらかし。

電気ケトルの熱湯を使う！
電気ケトルで沸かした熱湯をボウルに入れて、豚肉を振り洗いします。

ざるにあげて水けをきり、煮詰めていたソースに合わせ、肉に火が通ったら1品完成。
デミグラ風 finish

鶏肉がいい色になってきました。ちょっと寄せてスペースを作り、折りたたんだペーパータオルで油をふき取り、

調味液を入れ、全体にからめて1品完成。保存容器にうつし、フライパンを洗います。
甘辛チキン finish

冷蔵庫からハンバーグだねを取り出し、空気を抜くようにキャッチボールをしながら成形。まん中をへこませてフライパンに並べて、

フタをして蒸し焼きに。表面の色がこれくらい変わったら、中までかなり火が通ってきたサイン。裏も焼いて保存容器へ。

あいたフライパンに調味液を入れ、かたむけて煮詰め、ハンバーグにかけます。
ハンバーグ finish

全10品完成
オーブンに入れていたたらも焼き上がりました。これで10品ができました。

下ごしらえが簡単なたらの切り身を使ったおかず。調理にオーブンを使いますが、魚焼きグリルやトースターでも作れると思います。

調理時間 30分 | 保存 冷蔵5日 | ¥304 | オーブン調理 お弁当に

たらのみそマヨネーズ焼き

材料(保存容器大1個分)

たら……3切れ
A［みそ、マヨネーズ各大さじ1　白だし小さじ1］

作り方

1. たらは大きな骨を取って食べやすい大きさに切り、塩（分量外）を軽く振る。
2. たらから出た水けをふき取り、クッキングシートを敷いた天板に皮を下にして並べ、上に混ぜ合わせたAをまんべんなく塗る。
3. 200℃のオーブンで15分焼く。好みで小ねぎの小口切りを散らす。

MEMO

たらの下ごしらえ

水分を多く含んでいるたらは、塩を振って少なくとも10分程度おくことで適度に水分が出て、食べるときにぷりぷりした食感になり、生ぐささも抜けます。甘塩だらなら塩は振らなくて構いません。

みその塩けにより味を調整

みそは種類によって塩けが異なりますので、お使いのみそに合わせて量を調節してください。

こってり甘辛味でごはんもお酒もすすむ味。コチュジャンを多めに使用しているので、辛いのが苦手な方は量を減らしてください。

| 調理時間 20分 | 保存 冷蔵5日 | ¥443 | フライパン調理 | お弁当に |

韓国風甘辛チキン

材料（保存容器大1個分）

鶏もも肉……約400g
A［しょうゆ小さじ1　にんにく（すりおろす）1かけ］
B［コチュジャン、みりん各大さじ1.5　砂糖大さじ1　しょうゆ大さじ½］
片栗粉、サラダ油……各適量

作り方

1. 鶏肉はフォークで数か所さして、一口大に切ってAをもみ込む。
2. フライパンに多めの油を熱し、片栗粉をまぶした1を入れ、揚げ焼きにして一度取り出す。
3. フライパンに残った余分な油をふき取り、混ぜ合わせたBを入れて熱し、2を戻してからめる。

MEMO

調味液を入れるときの火加減

みりんと砂糖が入っていて濃度のある調味液は焦げやすいので注意。すでにフライパンが熱いところに投入するので、弱火から熱し始めて水分をとばしてください。

下味について

肉につける下味はおろししょうがを加えてもおいしいです。

余分な油を取るとき

油の量が多かったり汚れていたりしなければ、フライパンの中に鶏肉を残したままでペーパータオルでふき取り、そのままたれを入れても大丈夫です。

和風照り焼きのたれがおいしいハンバーグ。たれは水溶き片栗粉でとろみを固めにつけるとお弁当にも入れやすいです。

調理時間 **30**分 ｜ 保存 冷蔵**5**日 ｜ **¥353** ｜ フライパン調理 ｜ お弁当に ｜ 冷凍しても

和風ハンバーグ

材料（保存容器大1個分）

豚ひき肉……約300g
玉ねぎ……½個
卵……1個
パン粉……適量
A［粗びき黒こしょう、塩、粉山椒（お好みで）各適量］
B［しょうゆ、みりん各大さじ1　白だし大さじ½　砂糖、片栗粉各小さじ2　水50ml］

作り方

1. 玉ねぎはみじん切りにして、耐熱容器に入れて電子レンジで1～2分加熱して粗熱をとる。
2. ボウルに1、ひき肉、卵、パン粉、Aを入れて混ぜ合わせ、等分に分けて直径4～5cmの平たい円形に成形する。
3. フライパンに2を並べて火にかけ、フタをして蒸し焼きにする。表面の色が変わってきたら裏返し、裏面も焼いて保存容器に取り出す。
4. 3のフライパンに混ぜ合わせたBを流し入れ、弱火でほどよいとろみが出るまで加熱し、ハンバーグにかける。好みで小ねぎの小口切りを散らす。

MEMO

玉ねぎの加熱
玉ねぎは先にレンジ加熱しておくと、生焼けを防げます。粗熱がとれてから肉に合わせます。

肉だねは一度休ませる
肉だねは休ませたほうが成形しやすくなるので、混ぜ合わせたあと時間がある場合は冷蔵庫で休ませます。

少し甘めの味つけなので、お子様にも食べやすそう。しっかり下ごしらえすれば、再加熱しても肉はやわらかいままです。

調理時間 30分　保存 冷蔵5日　¥522　片手なべ調理 　冷凍しても

豚肉と玉ねぎのデミグラ風

材料（保存容器大1個分）

豚こま切れ肉……約350g
トマト……1個
玉ねぎ……½個
にんじん……½本
白ワイン……100ml
水……50ml
A［中濃ソース50ml　トマトケチャップ70ml　砂糖大さじ2］

作り方

1. 豚肉はフォークで何か所かさして牛乳適量（分量外）に30分以上漬ける。
2. トマトは角切りに、玉ねぎは薄切りに、にんじんはみじん切りにする。
3. なべに2、白ワイン、水を入れて火にかけ、トマトをつぶしながら煮る。
4. ボウルに熱湯をはり、1をさっと振り洗いして3に入れ、Aを加えて混ぜ合わせ、さっと煮る。好みでパセリを散らす。

MEMO

こま切れ肉は牛乳に漬ける

こま切れ肉は牛乳に漬けると、くさみがとれるだけでなく、食感もやわらかくなります。さっと湯通しすることで、アクも出にくくなるような気がします。私はひと晩漬けていますが、30分くらいでも効果がありますよ。

トマトをつぶしてソースに

トマト缶を使ってソースを作ることもありますが、1缶使うと量が多すぎたり、トマトそのままのうまみをいかしたいときは生のトマトを使います。

ゆで卵におかかとオイスターソースのコクを足して。おかかが水分もほどよく吸収します。

| 調理時間 15分 | 保存 冷蔵4日 | ￥149 | 片手なべ調理 | お弁当に |

ブロッコリーと卵のオイマヨあえ

材料（保存容器中1個分）

ブロッコリー……1株
卵……2個
A［マヨネーズ大さじ2　オイスターソース大さじ1　かつお節（使い切りパック）1袋］

作り方

1. 卵は水から10分ほどゆでて固ゆでにして、殻をむいて粗みじん切りにする。ブロッコリーは小房に分ける。
2. なべにたっぷりの湯を沸かし、塩少々(分量外)とブロッコリーを入れて固めにゆで、ざるにあげて粗熱をとる。
3. ボウルに1のゆで卵とAを混ぜ、2を入れてあえる。

MEMO

ブロッコリーのゆで加減

ブロッコリーは茎を下にして入れて、フタをしてさっと1〜2分ゆでます。葉野菜をゆでるときと同じように、盆ざるに広げて自然に冷ますと水っぽくなりません。

卵は混ぜすぎないように

卵の黄身は調味液とよく混ぜ合わせますが、白身はつぶしすぎないほうがおいしいです。

ゆでたじゃがいもにカレールウをからませるだけ。簡単だけど、冷たいままでもあたため直してもおいしい優秀おかずです。

調理時間 15分 ／ 保存 冷蔵5日 ／ ¥101 ／ 片手なべ調理 ／ お弁当に

カレーポテトサラダ

材料（保存容器中1個分）

じゃがいも……2個
A［カレールウ（フレークタイプ）大さじ1　サラダ油またはグレープシードオイル小さじ1　顆粒コンソメ小さじ½］
調味酢……小さじ1
※調味酢についてはp.13参照

作り方

1. じゃがいもは食べやすい大きさに切り、なべに入れてかぶるくらいの水（分量外）を加え、やわらかくなるまでゆでる。
2. 湯を捨てて、再び火にかけて水分をとばすように数秒間からりする。
3. 火を止めてAを加え、粉っぽさがなくなるまでよく混ぜ合わせ、調味酢を回しかける。好みでパセリを添える。

MEMO

カレールウはフレークが便利

私は普通のカレー作りに使うときも、おかずの調味料として使うときも、フレークタイプ派。固形のものを使う場合は、おろし金か包丁で削って計量してください。

じゃがいもの大きさと調理法

新じゃがいもの小さいものなら10個くらいが目安です。また皮をむかずに調理してもおいしいです。湯を捨てるときは、フタでじゃがいもが落ちないように押さえながらなべを傾けます。大まかに捨てて、水分をとばすときも少し残し気味にしておくと、ルウとのなじみがいいです。

オクラは短時間でゆで上がるのがうれしい野菜。1袋ゆでてあえるだけの手軽なレシピです。ラー油の量はお好みで調節してください。

| 調理時間 10分 | 保存 冷蔵4日 | ¥132 | 片手なべ調理 |

まるごとオクラのラー油あえ

材料（保存容器中1個分）

オクラ……1袋(8本)
A［いり白ごま、しょうゆ各大さじ½　オイスターソース小さじ1　にんにく（チューブ）、しょうが（チューブ）各1cm　ラー油5プッシュ］

作り方

1. オクラは軸を薄く切り落とし、ヘタの部分をそぐように切る。
2. なべに湯を沸かし、塩少々(分量外)と1を入れて強めの中火で1～2分ゆで、ざるにあげる。
3. ボウルにAを混ぜ合わせ、2を加えてあえる。

MEMO

オクラのヘタ

オクラのヘタの一番円周が大きいところに包丁を当ててクルルッと削り落とします。ヘタに当てる包丁は角度をつけすぎて、実まで削らないように注意してください。

乾物を使った、季節を問わず作れる繊維たっぷりのサラダ。帰宅後すぐに夕飯として食べられることもうれしいです。

| 調理時間 20分 | 保存 冷蔵5日 | ¥231 | 電子レンジ調理 | お弁当に |

切り干し大根とひじきのさっぱりマヨサラダ

材料（保存容器中1個分）

切り干し大根……40g
乾燥芽ひじき……約10g
にんじん……小½本
しょうが（すりおろす）
　……1かけ
A［調味酢大さじ2　砂糖、オイスターソース、マヨネーズ各大さじ1　塩少々］
※調味酢についてはp.13参照

作り方

1. 切り干し大根、ひじきは水で戻す。にんじんは細切りにして耐熱容器に入れ、ふんわりラップをかけて電子レンジで約2分加熱してやわらかくする。
2. ボウルにしょうがとAを入れて混ぜ合わせる。
3. 水けをよく絞って食べやすい長さに切った切り干し大根、水けをきったひじき、粗熱がとれたにんじんを加えてよく混ぜ合わせる。好みで小ねぎの小口切りを散らす。

MEMO

にんじんは生でも大丈夫
にんじんは細めに切り、塩もみしてしんなりさせて加えてもシャキシャキとした食感でおいしいです。

しょうがはできれば生のもので
このサラダはしょうがの風味が味の決め手なので、チューブのものよりも生のすりおろししょうがを使うのがおすすめ。ちょっとだけ使いたいときはガーリックプレスで絞ると簡単です。

れんこんがおいしい季節に作りたくなるサラダ。基本の甘酢よりも気持ち調味酢を多めに。揚げれんこんがさっぱり食べられます。

調理時間 15分 ／ 保存 冷蔵5日 ／ ¥340 ／ フライパン調理 ／ お弁当に

れんこんと彩り野菜の甘酢サラダ

材料(保存容器中1個分)

れんこん
……2節(細めのもの)
パプリカ(赤)
……1個
ヤングコーン
……1パック(8本)
※生がなければ水煮でも可
A[調味酢大さじ2　砂糖大さじ1　しょうゆ小さじ2]
片栗粉、サラダ油、すり白ごま……各適量
※調味酢についてはp.13参照

作り方

1. れんこんは5mm幅の薄切りにして、水にさらす。パプリカは角切りに、ヤングコーンは半分の長さに切る。
2. フライパンに少し多めの油を熱し、水けをきって薄く片栗粉をまぶしたれんこんを入れて両面焼く。
3. パプリカ、ヤングコーンを加えて少し焼き色がつくまで炒める。合わせたAを一気に加えて煮からめ、すりごまを加えて混ぜ合わせる。

MEMO

れんこんの大きさ

れんこんの大きさはバラバラなので、用途によって節の直径を選びます。今回は甘酢サラダにするので、大きめでも小さめでも構いません。直径が大きいものは半月切りにして、直径が小さいものであれば丸いまま使います。私は丸いままのほうが見た目がかわいくて好きなので、小さめの直径(2〜3cm)のものを使用しました。

セロリの食べ方の中で私が一番好きかもしれない、お気に入りのレシピ。セロリと塩こんぶとの組み合わせがやみつきになります。

| 調理時間 10 分 | 保存 冷蔵 3日 | ¥120 | 火を使わない調理 |

セロリの塩こんぶごま酢あえ

材料（保存容器中1個分）

セロリ（茎）……1本
A［塩こんぶ1つかみくらい
ごま油、調味酢各大さじ½
いり白ごま適量］
※調味酢についてはp.13参照

作り方

1 セロリは筋を取り、斜め薄切りにする。
2 ボウルにAを混ぜ合わせ、1を加えてあえる。

MEMO

日持ちについて

水分が多く出てしまうので、なるべく早めに食べ切ることをおすすめします。

レシピのアイデア

居酒屋で食べた「セロリの塩こんぶあえ」がおいしかったので、ごま油を加えて、クセになる系の味つけにしてみました。セロリと相性のよいお酢も加えて、味をまとめます。

ちょっとしっかり10品作り置き

外食の予定がない週は作り置きおかずを食べる機会が多くなりますが、メインを4品作ると飽きずに食べられます。使う調理器具をうまく分散できるおかずの組み合わせです。

メイン
1 ミートソース
2 牛肉のしぐれ煮
3 カレーセサミマヨサーモン
4 オイスター鶏ももから揚げ

サブ
5 彩り温野菜
6 じゃことピーマンとちくわのつくだ煮
7 ツナと大根の煮物
8 ほくほくかぼちゃのグリル
9 デリ風コールスロー
10 きゅうりとわかめの酢の物

食材

肉・魚類

鶏もも肉	400g
豚ひき肉	350g
牛こま切れ肉	約350g
生鮭	3切れ

野菜

小松菜	1束
パプリカ(黄)	1個
パプリカ(赤)	1個
ピーマン	1袋(4個)
きゅうり	2本
キャベツ	¾玉

かぼちゃ	¼個
にんじん	2本
大根	½本
玉ねぎ	1¼個

その他(常備食材、買い置きがあったもの)

ちくわ	2本
ちりめんじゃこ	20〜30g
乾燥わかめ	適量
いかのくんせい	適量
冷凍コーン	適量
トマト缶(カットタイプ)	1缶
ツナ缶(オイルタイプ)	1缶

🕐 タイムスケジュール

1日め　下ごしらえ（10分）

手順	おかず	下ごしらえ
①	ツナと大根の煮物	大根を切り冷凍
②	きゅうりとわかめの酢の物	きゅうりは塩で板ずりしてペーパータオルで包む
③	オイスター鶏ももから揚げ	鶏肉をフォークで数か所さし、一口大に切って調味液に漬ける
④	牛肉のしぐれ煮	牛肉をフォークで何か所かさして、牛乳に漬ける

2日め　調理（120分）

手順	火を使わない	フライパン	オーブン	片手なべ
①				彩り温野菜
② (30分)				ツナと大根の煮物
③			ほくほくかぼちゃのグリル	
④ (60分)		じゃことピーマンとちくわのつくだ煮		
⑤	デリ風コールスロー			
⑥	きゅうりとわかめの酢の物			
⑦ (90分)		ミートソース	······▶	ミートソース
⑧			カレーセサミマヨサーモン	
⑨		オイスター鶏ももから揚げ		
⑩ (120分)		牛肉のしぐれ煮		

Point
- 塩もみしてから水が出るまで時間がかかるコールスローのキャベツは先に下ごしらえ。
- 3品に使うにんじんは先に切り分けておく。
- 片手なべはパパッとできる温野菜のゆでものが先、時間がかかるツナと大根の煮物があと。
- かぼちゃグリル、ツナ大根ができるまでの間に、つくだ煮、コールスロー、酢の物を。
- サブが終わったら片手なべとフライパンを洗う。
- 煮込むミートソースを先に調理。ひき肉はフライパンで炒めて脂を取ってから片手なべへ。
- ひき肉を炒めたフライパンはペーパータオルでふいて、から揚げ調理に。
- しぐれ煮はくさみとりのために漬けていた牛乳を電気ケトルの熱湯で振り洗い。

「つくおき」実況中継

サブおかず調理スタート

前日に下ごしらえした冷凍大根、下味をつけた鶏もも肉、牛乳に漬けた牛肉など。

下ごしらえした食材

0分

サブおかずから調理。にんじんはコールスロー用に専用スライサーで細切りにするものと、

端の細い部分を切り、薄切りにしてから細切りにして温野菜にするもの、

ミートソース用にみじん切りにするものに切り分け。細切りにんじんは温野菜用に片手なべでゆで始めます。

キャベツは芯を切り取ってから、コールスロー用にスライサーでせん切りに。

スライサーで切れない分は包丁で切って、

ボウルに入れて塩を振り、

にんじんと合わせて、水けをきるためにざるに入れておきます。作業スペースを確保するため、つっぱり水きりラックに移動。

残りのキャベツはざく切りにして、温野菜用のにんじんと玉ねぎをゆでている片手なべに入れます。

パプリカは細切りにして片手なべに追加。カサがあっても、菜箸で押して熱湯にしっかりつかるようにするとなじんできます。

こんもりのせても大丈夫

小松菜は茎の部分を先に入れて、葉っぱをどっさりとのせフタをします。

カサがグッと減り小松菜の葉に火が通ったらでき上がり。

盆ざるに「おかあげ」します。
彩り温野菜 finish

あいた片手なべに自然解凍した大根を入れ、水と調味料を加えて火にかけてツナ大根調理スタート。

⏱30分

オーブン調理ものも早めに準備を。天板にのせたかぼちゃのグリル用のかぼちゃは、オイル＆塩をまぶして、

オーブンに入れたらほったらかしでいいのでラクです。
かぼちゃのグリル finish

煮物とオーブン焼きをしている間に、ミートソース用の切りものを。玉ねぎをみじん切りにして、

みじん切りにしたにんじんと合わせます。

大根の色が透き通ってきたので、しょうゆとツナを加えます。

クッキングシートに切り込みを入れて落としブタがわりに。さらにやわらかくなるまでコトコト。
ツナ大根 finish

次は切りもの。しぐれ煮用のしょうがのせん切りです。切り終わったら水にさらしておきます。

ほっとくなべは奥に移動

フライパンに油を熱している間につくだ煮のちくわをカット。大根を煮ている片手なべは横のコンロに移動しました。

ちくわをフライパンに入れて、動かさずに少し焼き色をつけます。その間にピーマンをスピーディにざっくり細切りにして、

フライパンに入れ、さらにじゃこも加えて炒め合わせます。

73

調味料を加えます。ごまも加えて完成。
つくだ煮 finish

そろそろコールスロー用野菜がいい感じ。ざるに押しつけるようにしてしっかり水けを絞ります。わかめも戻し始めます。

冷凍コーンを加えて、自然解凍をさせている間に、

ボウルに調味料を混ぜ合わせ、

さらにぎゅーっと野菜の水けを絞ってから、すべて合わせます。
コールスロー finish

次は酢の物を。きゅうりをキャベツと同じスライサーで薄切りにして、ペーパータオルに包んで水けをきります。

いかくんは適当な大きさに切り、戻したわかめは水けをきって

すべてボウルで合わせます。
酢の物 finish

サブおかず調理終了

できた副菜は保存容器にうつし、メインおかず調理のために調理器具を一度洗います。

調理器具は洗います

メインおかず調理開始

最初はミートソース。フライパンで肉を炒めている間になべで野菜を煮始めます。

にんにくはすりおろすかわりに、ガーリックプレスで直接なべに入れます。

炒めたひき肉はフライパンに残った脂をペーパータオルでしっかりふいてから、

調味料を加えたなべに入れます。
ミートソース finish

フライパンをペーパータオルでよくふいて、きれいにしてから次の調理に。

フライパンはふくだけで OK

カレーセサミマヨサーモン用の鮭は大きな骨を骨抜きで取って、

食べやすい大きさに切って、まな板の上で塩こしょうを振ってから、

天板にパプリカと一緒にのせて、ソースを塗ってオーブンへ。
カレーマヨサーモン finish

次はオイスターから揚げ。フライパンに油を1cm程度入れて火にかけ、温度が上がるまでに下味をつけた鶏肉に粉をまぶします。

ある程度粉をまぶせたら、フライパンに投入。動かさないほうがカリッとするので、その間に残りの肉に粉をつけます。

カリッとしたものから裏返して、両面揚げ焼きに。
オイスターから揚げ finish

ラストは牛肉のしぐれ煮。ボウルにはった熱湯で牛乳に漬けておいた牛肉を振り洗い。

フライパンに調味料を入れて煮立てます。

野菜→牛肉の順に加えて煮ます。

全10品完成

しぐれ煮、ミートソースは、汁がこれくらいとんだら完成。
しぐれ煮 finish

定番のミートソースも自家製にすれば野菜がたっぷりとれておすすめ。マッシュポテトにのせてチーズ焼きにしてもいいと思います。

| 調理時間 40分 | 保存 冷蔵5日 | ¥526 | フライパン調理 | 片手なべ調理 |

ミートソース

材料（保存容器大1個分）

豚ひき肉……約350g
玉ねぎ……大½個
にんじん……小1本
にんにく（すりおろす）
　……1かけ
トマト缶……1缶
A［中濃ソース、白ワイン各50ml　砂糖大さじ1］
B［塩2つまみ　粗びき黒こしょう適量］
コーンスターチ、サラダ油
　……各適量

作り方

1. 玉ねぎ、にんじんはみじん切りにする。なべに入れてトマト缶、Aを加えて火にかけ、にんにくを加える。
2. フライパンに油を熱し、ひき肉とBを入れて色が変わるくらいまで炒めて1のなべに入れる。なべ底を焦がさないように、やや強めの弱火で野菜がやわらかくなるまで落としブタをして20分以上煮込み、塩（分量外）で味を調える。
3. 火を止めて同量の水で溶いたコーンスターチを加え、再び火にかけてとろみをつける。好みでパセリを散らす。

MEMO

ひき肉のくさみ対策

ひき肉特有のくさみが気になる方は赤身70％以上の豚ひき肉で作るのがおすすめです。脂が多いひき肉の場合はフライパンで炒めたあとに脂をしっかり取ってからなべに加えると、くさみがとれてカロリーも落とせます。

とろみはお好みで

とろみをつけなくてもいいですが、とろみをつけておくとパスタとあえたときにもからみやすいです。コーンスターチがない場合は片栗粉でも代用可。私は両方常備していて、ソースにはコーンスターチを使い、中華のおかずには片栗粉を使います。

甘辛く煮詰めたはずさない味のしぐれ煮です。ごはんにのっければ牛丼にもなるし、卵とじにしてもおいしいです。

| 調理時間 20分 | 保存 冷蔵7日 | ¥750 | フライパン調理 | お弁当に |

牛肉のしぐれ煮

材料(保存容器大1個分)

牛こま切れ肉……約350g
しょうが……2かけ
玉ねぎ……½個
A [砂糖、みりん各大さじ3
しょうゆ大さじ2　白だし大
さじ½　酒100ml　水50ml]

作り方

1. しょうがはせん切り、玉ねぎは薄切りにする。牛肉は牛乳適量（分量外）に30分以上漬ける。
2. フライパンにAを入れて強めの中火にかける。1のしょうがと玉ねぎを入れる。ボウルに熱湯をはり、1の牛肉をさっと振り洗いしてフライパンに入れ、水分がほどよくとぶまで煮詰める。

MEMO

牛肉の下ごしらえ

牛肉は牛乳に漬けてくさみをとり、熱湯にくぐらせてアクを取ってから煮ると、仕上がりの味がよくなります。

煮詰める目安

フライパンの底に薄く汁が残るくらいがちょうどいいです。牛丼の具にするなら、もう少し多めに残してもいいと思います。

ごまとカレーが好相性。マヨネーズベースのソースをかけて焼くと、時間がたってもパサつかずにしっとりしています。

調理時間 **20**分 ／ 保存 冷蔵 **4**日 ／ **¥397** ／ オーブン調理 ／ お弁当に

カレーセサミマヨサーモン

材料（保存容器大1個分）

生鮭……3切れ
パプリカ（赤・黄）
　……各½個
A［マヨネーズ大さじ3　すり白ごま小さじ5　カレー粉大さじ1　しょうゆ小さじ1］

作り方

1. 鮭は大きい骨を取り、食べやすい大きさに切る。パプリカは細切りにする。
2. 天板にクッキングシートを敷き、鮭とパプリカを並べ、上に混ぜ合わせたAをまんべんなく塗る。
3. 180℃のオーブンで15分焼く。保存容器にうつし、好みでパセリを添える。

MEMO

オーブンで魚を焼く

わが家のキッチンには魚焼きグリルがありますが、ほとんど使ったことがなく、魚を焼くときはオーブンが多いです。オーブンでも魚焼きグリルでも使いやすいほうで調理してくださいね。

オイスターソースで下味をつけた、ちょっぴり濃いめの味つけです。私は少ない油で揚げ焼きして作ります（p.104 参照）。

| 調理時間 20分 | 保存 冷蔵7日 | ¥424 | フライパン調理 お弁当に 冷凍しても |

オイスター鶏ももから揚げ

材料（保存容器大1個分）

鶏もも肉……約400g
A［酒大さじ1.5　オイスターソース大さじ1　しょうゆ小さじ1　にんにく（チューブ）2cm］
片栗粉、サラダ油
　……各適量

作り方

1 鶏肉はフォークで数か所さし、一口大の大きさに切る。ポリ袋などに入れ、Aを加えて20分以上漬ける。
2 片栗粉を1にまんべんなくまぶす。
3 フライパンに多めの油を熱し、2を皮を下にして入れて揚げ焼きにする。

MEMO

肉を漬ける時間

私は前日に下ごしらえをしておくことが多いので、ひと晩おいていますが、20分ほどでも味はつきます。お好みの漬け時間で作ってみてください。

サブ

毎日食べても飽きない温野菜は、ゆですぎず水けをきるのがポイント。野菜はおうちにあるものでアレンジ可能です。

調理時間 **15**分 ／ 保存 冷蔵 **4**日 ／ ¥**241** ／ 片手なべ調理 お弁当に

彩り温野菜

材料（保存容器中1個分）

キャベツ……⅛〜¼玉
小松菜……1束
にんじん……小½本
玉ねぎ……¼個
パプリカ（赤・黄）
　……各½個
好みのドレッシング（市販）
　……適量

作り方

1. キャベツはざく切りに、小松菜は約1〜3cm幅に切る。にんじん、玉ねぎ、パプリカは細切りにする。
2. なべにたっぷりの水とにんじんを入れて火にかける。沸騰したら玉ねぎ→キャベツ→パプリカの順に加えてゆでる。キャベツが少しやわらかくなったら小松菜を茎のほうから入れてフタをする。
3. 小松菜が少しクタッとなったら火を止めて、30秒〜1分間蒸らす。ざるにあげ、粗熱がとれたら手でしっかり絞って保存容器に入れる。食べる直前にドレッシングをかける。

MEMO

野菜はゆでる順番に準備

にんじんだけ先に切り、ゆでている間に玉ねぎ、キャベツ、パプリカを切り、最後に小松菜を切ります。

ゆで野菜はしっかり絞る

盆ざるに広げて粗熱がとれるまでおき、ペーパータオルなどで包んでから絞ります。時間がない場合はざるに置いたまま、お玉などで押すといいです。何品かおかずを作るときは、最初に温野菜を作り、粗熱をとっている間にほかのおかず作りに取りかかると効率的です。

じゃこのつくだ煮は甘辛いしっかり味で、煮汁もないので日持ちもよいです。じゃこの塩けによってしょうゆの量は調節してください。

調理時間 10分 | 保存 冷蔵7日 | ¥275 | フライパン調理 お弁当に

じゃことピーマンとちくわのつくだ煮

材料(保存容器中1個分)

ちりめんじゃこ
　……約20〜30g
ピーマン……4個
ちくわ……2本
酒、みりん、砂糖
　……各大さじ1
しょうゆ……小さじ1
ごま油……適量
いり白ごま……大さじ2

作り方

1. ピーマンは細切りかみじん切りにする。ちくわは斜め切りにする。
2. フライパンに油を熱し、ちくわ→ピーマン→じゃこの順に入れて炒め合わせる。ピーマンに火が通ったら、酒→みりん→砂糖の順に加えて炒め合わせる。しょうゆを加えて水分がとぶまで炒め、いりごまを加える。

MEMO

じゃこはしっかり炒める

じゃこを入れる料理を作り置きにするためには、しっかり炒め、煮汁を煮切ることが重要。保存してもくさみが出にくくなります。じゃこは冷凍保存できるので、多めに入ったパックで買ってきても大丈夫。冷凍したものをそのままフライパンに入れて調理できます。

寒い季節に食べたくなる、しみじみ落ち着く味。ツナのうまみが簡単にいいおだしになってくれる、手間いらずの煮物です。

調理時間 40分 | 保存 冷蔵5日 | ¥144 | 片手なべ調理 | お弁当に

ツナと大根の煮物

材料（保存容器中1個分）

大根……½本
ツナ缶（オイルタイプ）
　……1缶
A［みりん大さじ2　白だし大さじ½］
しょうゆ……大さじ1.5

作り方

1. 大根は3〜4cmの厚さに切って皮をむき、4等分に切る。
2. なべに1を入れ、かぶるくらいに水（分量外）を注ぎ、Aを加え、フタをして火にかける。沸騰したら弱めの中火にし、大根の色が透き通るくらいまで煮る。
3. ツナとしょうゆを加え、落としブタをして煮る。大根にすっと竹串が通るくらいまでになったら火を止めて、フタをしてそのまま冷ます。好みで小ねぎの小口切りを散らす。

MEMO

大根の下ごしらえ

大根は冷凍してから煮ると繊維が崩れて味がしみ込みやすくなります。私は前日に切ってバットに並べて冷凍しておいたものを使います。煮込んだときに透明になるのが早い気がします。お弁当にも入れやすいように小さめに切っていますが、お好みの形に切ってください。

ツナ缶のオイル

うまみが出やすいのでオイルタイプのものを使うのがおすすめ。缶に入ったオイルをすべて入れてしまいます。油が気になる場合は軽く油をきってください。

味つけは塩だけ。かぼちゃの自然な甘みが感じられる簡単常備菜。時間がたってもレンジ加熱すれば焼き立てのおいしさになります。

調理時間 20分　保存 冷蔵5日　¥141　オーブン調理 　お弁当に

ほくほくかぼちゃのグリル

材料（保存容器中1個分）

かぼちゃ……¼個
オリーブオイル（またはグレープシードオイル）
　……大さじ1
塩……ふたつまみ

作り方

1. かぼちゃは食べやすい大きさに切り、ところどころ皮を切り落とす。ボウルに入れ、オリーブオイルと塩を入れてよくからめる。
2. 天板にクッキングシートを敷き、かぼちゃを皮を上にして並べて220℃のオーブンで15分焼く。

> **MEMO**
>
> **オイルについて**
>
> 油っこいのが苦手でなければ、焼き上がりにオイルを大さじ1程度からませて。乾燥防止になり、時間がたってもレンジ加熱すれば焼き立てのおいしさが保たれます。オリーブオイルがない場合や苦手な方は、グレープシードオイルやサラダ油などを使ってください。

キャベツ1/2玉（普通サイズ）をたっぷり使用。デリ風のスタンダードな味つけで、飽きのこないコールスローです。

調理時間 **30**分 ｜ 保存 冷蔵**3**日 ｜ **¥153** ｜ 火を使わない調理 ｜ お弁当に

デリ風コールスロー

材料（保存容器中1個分）

キャベツ……½玉
にんじん……¼～½本
冷凍コーン……適量
塩……3～4つまみ
A［酢、砂糖各大さじ3　マヨネーズ、グレープシードオイル（またはサラダ油）各大さじ1　レモン汁大さじ½］

作り方

1. キャベツはできるだけ細いせん切りにする。にんじんは細切りにする。
2. 1に塩をもみ込み、ざるにあげて約20分おく。
3. 大きめのボウルにAを混ぜ合わせ、水けをよくきった2と自然解凍したコーンを加えてあえる。

MEMO

せん切りキャベツはスライサーで

スライサーは使っているときにキャベツが飛び散るなどの難点もありますが、自分でせん切りするより早いし、細く仕上がるので愛用しています。

野菜の水けはよくきる

塩もみしてざるにあげてから水けをきらないと、調味料であえたときに野菜に残った水分が出て味がボヤけてしまいます。あえる前に野菜を手でざるに押しつけるようにして、水けをできる限りとるようにしてください。

定番おかずの酢の物に「いかくん」を加えて。いかくんの甘みとうまみがあるので、足す調味料は穀物酢のみで簡単です。

| 調理時間 10分 | 保存 冷蔵3日 | ¥145 | 火を使わない調理 |

きゅうりとわかめの酢の物

材料（保存容器中1個分）

きゅうり……2本
乾燥わかめ……ひとつかみ
いかのくんせい……適量
酢……大さじ3

作り方

1. きゅうりはまな板の上に並べ、塩小さじ1程度（分量外）を振ってすり込んで1本ずつペーパータオルで包み、10分〜ひと晩おく。
2. 乾燥わかめは水で戻す。いかのくんせいは適当な大きさに切る。
3. 1を薄切りにしてペーパータオルに包んで、水けをきってボウルに入れる。水けをきったわかめ、いかのくんせい、酢を加えて混ぜ合わせる。

MEMO

きゅうりの水けはしっかりきる

時間がない場合や、すぐに食べきる場合は10分ほどおくだけで大丈夫ですが、作り置きにするなら、ひと晩冷蔵庫においたものを使用するほうがよいです。日にちがたっても味がボヤけず、食感がよいまま保存できます。

薄切りはスライサーで

きゅうりはできる限り薄切りにしたほうが味がしっかりしみて食感もいいので、私はスライサーを使っています。時短にもなるので一石二鳥。せん切りキャベツ用に買ったスライサーがあるので、少し大きいですがきゅうりもこれでスライスします。

炊き込みごはんも作り置き。
冷蔵保存し、食べる分だけ取り出してレンジにかけます。
小分けにして冷凍保存も可能です（2週間保存可）。

炊飯器まかせの炊き込みごはんバリエ

材料（米2合分）

米2合　鶏もも肉約100g　A［酒大さじ1　しょうゆ小さじ2］　ごぼう（細）1本　にんじん（小）½本　板こんにゃく30g　B［しょうゆ大さじ1　白だし小さじ2］

作り方

❶鶏もも肉は1㎝角くらいに切り、Aに漬ける。ごぼうはささがきに、にんじん、こんにゃくは細切りにする。❷米をといで、ざるにあげて水けをきり、炊飯器に入れる。内釜の2合の線まで水を入れ、Bを加えて上部をさっとかき混ぜる。❸上に1を入れて炊飯する。炊き上がったら全体を混ぜ、好みでゆでた絹さやを散らす。

MEMO　ごぼうは切って置いておくと変色してしまうので、なるべくすぐに水にさらすようにします。切る前からボウルに水をはっておくと作業がスムーズです。

材料（米2合分）

米2合　生鮭2切れ　A［酒、みりん各大さじ1　しょうゆ大さじ½］　まいたけ1パック（100g）　B［しょうゆ、みりん各大さじ1　白だし小さじ1］

作り方

❶鮭は大きい骨を取り、まいたけは石づきを切り落として適当な大きさに切り、Aに漬ける。❷米をといで、ざるにあげて水けをきり、炊飯器に入れる。内釜の2合の線まで水を入れ、Bを加えて上部をさっとかき混ぜる。❸上に1の具を並べて炊飯する。炊き上がったら鮭の皮を取って混ぜる。好みでゆでた絹さやを散らす。

MEMO　鮭の切り身の真ん中に大きな骨があるので、そこを指で軽く触ってみて当たるようなら骨抜きで抜きます。水の量は具材がすべてかぶるくらいになり、「少し多いかな？」と思うかもしれませんが、炊き上がりは鮭がパサつかずしっとりおいしく仕上がります。

調理時間 **70**分　保存 冷蔵 **3**日　**¥317**

炊飯器調理　　お弁当に　　冷凍しても

基本の炊き込みごはん

鶏と野菜の基本の炊き込みごはん。白だし使用で簡単です。わが家はしいたけが苦手なので入れていませんが、お好みで入れてくださいね。

調理時間 **70**分　保存 冷蔵 **3**日　**¥429**

炊飯器調理　お弁当に　冷凍しても

鮭ときのこの炊き込みごはん

みりんをきかせ、ちょっと甘めでほっこりやさしい味に。食べる時に塩こんぶやいり白ごまを加えてもおいしいです。

| 調理時間 70分 | 保存 冷蔵 3日 | ¥576 |

炊飯器調理　お弁当に　冷凍しても

洋風トマトチキンの炊き込みごはん

鶏もも肉を1枚使い、メインおかずのようなボリュームに。しっかりと下味をつけることで、炊き込んでも肉の味がぼやけません。

材料（米2合分）
米2合　鶏もも肉約250g　A［顆粒コンソメ小さじ1　塩、粗びき黒こしょう各少々］　トマト1個　にんじん½本　玉ねぎ¼個　B［にんにく1かけ（すりおろす）　白ワイン大さじ2　顆粒コンソメ大さじ1　塩少々］

作り方
❶鶏肉はフォークで数か所さして、Aをすり込む。❷トマトは角切り、にんじん、玉ねぎはみじん切りにする。❸米をといで、ざるにあげて水けをきり、炊飯器に入れる。水250ml（分量外）を入れ、Bを加えて上部をさっとかき混ぜる。❹上に1、2をのせて炊飯する。鶏肉を食べやすい大きさに切り、全体を混ぜ好みでパセリを散らす。

MEMO　炊飯器や使用するお米により炊き上がりが異なりますので、固さの好みに合わせて水の量を加減してください。

| 調理時間 70分 | 保存 冷蔵 3日 | ¥685 |

炊飯器調理　お弁当に　冷凍しても

中華風チキンごはん

中華風の変わり種炊き込みごはん。中華ちまきのようにこっくりとしたコクがあり、がっつり食べごたえのある味つけです。

材料（米2合分）
米2合　鶏もも肉約250g　A［しょうが、にんにく（それぞれすりおろし）1かけ　みりん大さじ1　しょうゆ小さじ2］　にんじん½本　玉ねぎ¼個　赤ピーマン2個　B［オイスターソース大さじ1　しょうゆ小さじ2　甜麺醤小さじ1　中華スープのもと（練りタイプ）小さじ½　豆板醤少々］

作り方
❶鶏肉はフォークで数か所さして、Aに漬ける。❷にんじん、玉ねぎ、ピーマンは食べやすい大きさに切る。❸米をといで、ざるにあげて水けをきり、炊飯器に入れる。水250ml（分量外）を入れ、Bを加えて上部をさっとかき混ぜる。❹上に1、2をのせて炊飯する。鶏肉を食べやすい大きさに切り、全体を混ぜ、好みで小ねぎの小口切りを散らす。

MEMO　炊飯器や使用するお米により炊き上がりが異なりますので、固さの好みに合わせて水の量を加減してください。

「つくおき」おかずでお弁当を作る

平日は夫婦ふたりとも会社にお弁当を持っていきます。
作り置きしたものを詰めるだけなのでラクチン。ランチ代の節約にもなっています。

＼「つくおき」弁当 8つのルール／

1 お弁当は基本的に 夜に詰めて冷蔵庫へ

朝はバタバタしているので、余裕のある夜のうちに詰めてしまいます。冷蔵庫に入れておいて、朝はそのまま持っていくだけ。会社に電子レンジがあるので、食べるときにレンジであたためます。

2 詰めるおかずは メイン1品、サブ2品

レンジ加熱することを考えて、冷たいままで食べたいものはできる限り入れません。汁けの多いシチューや酢の物、食べにくい手羽元などは避けます。週の始めは保存期間の短い青菜などから先に詰めています。

3 仕切り用、彩り用の 生野菜を常備

作り置きだけだと茶色っぽくなりがちなので、レタス、青じそ、ミニトマトで彩りを足します。レンジ加熱しますが、この程度なら問題なし。コンビニ弁当の「あたため」と同じ感覚です。

4 ごはんは小分けして 冷凍保存

冷凍ごはんがなくなるタイミングで5合炊き、茶碗に軽く1杯ずつに小分けして冷凍します。解凍のレンジ加熱は1分半〜2分。冷ましてからフタをするので、アツアツにはしません。

5 「ごはんのお供」は 毎日変化をつける

お弁当のごはんにはじゃこ、塩昆布、ふりかけなどをのせています。ふりかけは数種類常備しています。夕食ではお弁当には入れられない納豆やキムチなどを合わせて食べることもあります。

6 卵焼きは そのつど作る

卵焼きは作り置きしたものだけだと足りないときや、彩りがほしいときに作ります。卵2個に白だし、砂糖を加えて作っています。しっかりと冷ましてからお弁当に詰めます。

7 透明でレンジ加熱できる 仕切りカップを使用

レンジにかけるのが前提なので、アルミカップは厳禁。レンジ加熱可能で色や柄がついていない透明なカップを使用しています。

8 詰めたお弁当は 冷蔵状態を保つように

お弁当を持っていくときは、保冷剤に保冷バッグは欠かせません。夏でも冬でも同じです。会社に冷蔵庫があれば、持参したお弁当を冷蔵庫に入れておくとより安心です。

お弁当の詰め方 ※p.18～p.31の作り置きおかずを使用

① まずはごはんをお弁当箱の半分くらい詰めます。斜めに入れて、おかずとの境界は傾斜をつけておきます。

② 傾斜をつけておいたところに仕切り&彩りの青じそを置きます。仕切りながらも食べられるのがいいです。ここにメインのおかずを「もたせかける」ように置いていきます。

③ おかずは「レンチン鶏シュウマイ」のように形が崩れにくくて大きさのあるメインから入れます。たれがかかっていてもカップには入れずにじかに置いてしまいます。

④ サブおかずを詰めるときは、ごはんの対角位置をうめます。カップを置いてだいたいの量の目安を想定。「ほうれん草のナッツあえ」のように形が自由になるものを。

⑤ 2品目のサブおかずですき間をうめていきます。「玉ねぎチーズのオーブン焼き」はそのまま入れてもバラバラにならないのでカップは使いません。

⑥ あいているスペースに卵焼きを入れます。

⑦ 彩りのミニトマトを真ん中にのせるだけでグッと引き締まった見た目に。お弁当に赤は欠かせません。ごはんにじゃこをのせて完成です。

第3章

「つくおき」
メインおかず
カタログ

和食、洋食、中華、エスニックと
いろいろなジャンルのメインおかずを
紹介します。
どれも作りやすいものばかり。
調理器具別に並べていますので、
同時調理の組み合わせを考えるときに
参考にしてみてください。

カフェでコンソメっぽい煮汁のハンバーグに西洋わさびをつけて食べたのがおいしかったので、アレンジしてみました。

ちょっとこってりめの甘ずっぱい中華風おかずです。ごま油をたっぷり使ってうまみをアップしています。

| 調理時間 20分 | 保存 冷蔵 5日 | ￥364 |

フライパン調理　お弁当に

チキンソテー
with オニオンソース

材料（保存容器大1個分）

鶏もも肉約300g（1枚）　玉ねぎ½個　にんにく（みじん切り）1かけ　塩、こしょう各少々　A［顆粒コンソメ大さじ½　しょうゆ小さじ1　わさび（チューブ）2㎝　水50mlくらい］

作り方

❶鶏肉はフォークで数か所さし、塩、こしょうを振る。❷玉ねぎは薄切りにする。❸油をひかないフライパンに鶏肉を皮を下にして置き、上に玉ねぎとにんにくをのせて火にかけ、フタをして中火で5分蒸し焼きにする。❹きつね色になったら裏返してもう片面も焼く。合わせたAを加え、鶏肉や玉ねぎにからませながら煮詰める。好みでパセリを添える。

MEMO 1枚を切らずに焼くと皮が縮まってしまうので、それを防ぐために皮のほうからフォークでさします。鶏もも肉から脂が出てくるので、油はひきません。

| 調理時間 20分 | 保存 冷蔵 5日 | ￥462 |

フライパン調理　お弁当に

鶏肉と彩り野菜の
甘酢あん

材料（保存容器大1個分）

鶏もも肉約300g　にんじん⅓本　ピーマン3〜4個　玉ねぎ½個　片栗粉、ごま油各適量　A［酒約大さじ2　オイスターソース大さじ½］　B［調味酢（※p.13参照）大さじ3　砂糖大さじ2　オイスターソース大さじ1　しょうゆ大さじ½］

作り方

❶鶏肉は1〜2㎝程度の角切りにしてAに漬ける。❷野菜は食べやすい大きさ（少し大きめ）に切る。❸フライパンにごま油を熱し、2を炒めて一度取り出す。❹同じフライパンに少し多めのごま油を熱し、片栗粉をまんべんなくまぶした1の両面を焼く。3を戻して炒め合わせ、合わせたBを加えて少しとろみがつくまで炒める。

MEMO 火が通りにくい野菜は、肉よりも先に炒めてください。にんじんはなるべく薄く切ると火の通りがいいです。肉と分けて焼くことで、肉の焼きすぎを防ぎ、野菜も肉もおいしい状態で食べられますよ。

メイン／フライパン調理

にんにく、青じそ、わさびを入れた薬味たっぷりのソース。いっぱいわさびを入れてもツンとせず、ほのかに香るくらいです。

トマト缶と白ワインの失敗のない味つけで料理が苦手な方でも簡単に作れます。顆粒コンソメではなく固形でも大丈夫。

調理時間 20分　保存 冷蔵 5日　¥409

フライパン調理　お弁当に　冷凍しても

鶏むねの
しそわさびしょうゆ

材料(保存容器大1個分)

鶏むね肉300g　砂糖大さじ½　塩小さじ½　片栗粉適量　にんにく(みじん切り)2かけ　青じそ(みじん切り)3～4枚　A[みりん大さじ2　酒大さじ1　しょうゆ小さじ2　わさび(チューブ)5cm]　サラダ油適量

作り方

❶鶏肉はフォークで数か所さし、砂糖→塩の順でもみ込んで一口大のそぎ切りにする。にんにくと青じそはAと合わせる。❷フライパンに多めの油を熱し、片栗粉をまんべんなくまぶした1の鶏肉を入れ、揚げ焼きにして一度取り出す。❸火を止めてフライパンに残った油や汚れをふき取り、再び火にかけて合わせたA、2を入れる。とろみのついた調味液を鶏肉にからませ、好みで小ねぎの小口切りを散らす。

MEMO 揚げ焼きしたあとにソースやたれをからめるレシピの場合、洗わずにペーパータオルでふき取ります。気にならないくらいの場合は、そのまま調味料を入れてしまうことも。

調理時間 40分　保存 冷蔵 5日　¥503

フライパン&片手なべ調理　冷凍しても

チキンのトマト煮込み

材料(保存容器大1個分)

鶏もも肉350g　ピーマン2個　玉ねぎ1個　にんにく(みじん切り・お好みで)1かけ　A[トマト缶1缶　白ワイン100ml　顆粒コンソメ、塩各小さじ1]　サラダ油少々

作り方

❶鶏肉は一口大に切り、油をひかないフライパンに皮を下にして入れて火にかけ、両面焼いて、一度取り出す。❷玉ねぎは薄切りに、ピーマンは細切りにする。❸なべにサラダ油を熱し、にんにく、2を入れて炒め、全体に油が回ったら1を加えて軽く炒め合わせる。❹Aを加え、落としブタをして、途中焦げつかないように数回なべ底からかき混ぜながら、水っぽさがなくなるまで煮詰める。好みでパセリを添える。

MEMO わが家のなべは鶏肉を焼くとこびりつきやすいのでフライパンで焼きます。焼くときに出た脂が気になるときは捨てます。ソースの色が保存容器につきやすいので、ホーローかガラス製を使うと着色しません。

青じそを混ぜ込んだつくねの中に、梅肉とチーズを包みました。あたため直して食べるとチーズが溶けておいしいです。

にんにく&しょうがたっぷりの香味だれが美味。鶏肉は粗熱が取れてから切り分けます。

調理時間30分　保存 冷蔵7日　¥459

フライパン調理　お弁当に　冷凍しても

梅しそチーズの棒つくね

材料（保存容器大1個分/約12個）

鶏ひき肉（むね）約300g　はんぺん（大判）1枚　青じそ（みじん切り）5枚　A［砂糖大さじ½　しょうゆ、みりん各小さじ1　塩少々］　梅干し大1粒　ミックスチーズ適量　コーンスターチ、サラダ油各適量

作り方

❶はんぺんは袋に入ったまま、手で握ってつぶす。梅干しは種を除き、包丁でたたいてペースト状にする。❷ボウルにひき肉、はんぺん、青じそ、Aを入れてよく混ぜ合わせ12等分にする。ひとつを手のひらの上に広げ、梅干し、チーズをそれぞれ1/12量のせて包み、棒状に成形する。残りも同様にする。❸2にコーンスターチを振り、はたいて余分な粉を落とす。多めの油を入れたフライパンで揚げ焼きにする。

MEMO　揚げ焼きにするときコーンスターチを使うと、さっくり軽い感じに仕上がります。なければ片栗粉を使っても大丈夫です。なるべく薄くつけるのがポイント。

調理時間15分　保存 冷蔵5日　¥424

フライパン&電子レンジ調理　お弁当に

香味だれの蒸し焼きチキン

材料（保存容器大1個分）

鶏もも肉約350g（1枚）　A［にんにく、しょうが（ともにみじん切り）各2かけ　酒、みりん各大さじ1　しょうゆ小さじ2　ごま油小さじ1］　酢大さじ1

作り方

❶鶏肉はフォークで数か所さし、皮を下にして油をひかないフライパンに入れ、フタをして中火で3分蒸し焼きにする。焼き色がついたら裏返して焼き、余分な脂をふき取る。❷耐熱容器にAを入れ、電子レンジで1～2分加熱して酢を加え、1にかける。お好みで青じその細切りといり白ごまを散らす。

MEMO　酢の酸味を残したいのでレンジで加熱するときには入れていません。酸味が苦手な人は一緒に加熱しても大丈夫です。直接フライパンに入れてからめてもおいしいです。

メイン／フライパン調理

チーズは「6pチーズ」2つ分。焼く前は形が崩れやすいですが、熱が加わるとチーズが少し溶けてボール状に。

ほのかにみそが香るピリ辛こっくり味の照り焼きです。みそのかわりに甜麺醤を使えば、ちょっと中華風になりますよ。

調理時間 30分 ／ 保存 冷蔵 5日 ／ ¥480

フライパン調理　お弁当に

チキンチーズボール

材料（保存容器大1個分）

鶏むね肉約400g　プロセスチーズ36g　砂糖大さじ½　塩小さじ½　A［顆粒コンソメ小さじ1　粗びき黒こしょう適量］　片栗粉、サラダ油各適量

作り方

❶鶏肉は1cm角に切り、フォークで数か所さし、砂糖→塩の順でもみ込む。プロセスチーズを小さめの角切りにする。❷ボウルに1、Aを入れて混ぜ合わせる。鶏肉2〜3個とチーズ1〜2個を合わせて握り、ボール状にする。❸フライパンに多めの油を熱し、片栗粉をまんべんなくまぶした2を揚げ焼きする。

MEMO　成形して片栗粉をまぶしたら、油の温度が上がらないうちから次々にフライパンに入れてください。油の温度が上がったら最初に入れたものからひっくり返していきます。

調理時間 20分 ／ 保存 冷蔵 5日 ／ ¥370

フライパン調理　お弁当に

ピリ辛みそ照り焼き

材料（保存容器中1個分）

鶏もも肉約300g(1枚)　酒大さじ1　A［みりん大さじ2　砂糖大さじ½　しょうゆ、みそ各小さじ1　豆板醤小さじ½］

作り方

❶鶏肉はフォークで数か所さし、酒に20分以上漬ける。❷油をひかないフライパンに1を皮を下にして置き、フタをして中火〜弱火で蒸し焼きにする。❸皮に焼き色がついたら裏返し、残った脂や汚れをふき取る。❹合わせたAを加えて煮からめる。

MEMO　鶏肉の皮目を焼いているときにパチパチと音がしてきたら火を弱火にしてください。

切り口がかわいい豚巻きです。彩りがいいのでお弁当にもおすすめです。コチュジャンをきかせたたれがクセになります。

長いもを使ったメインおかず。しっかり大きさのあるこま切れ肉はもちろんロースやバラの薄切りを使ってもできます。

| 調理時間30分 | 保存 冷蔵5日 | ¥525 |

フライパン調理　お弁当に

ピーマンとのりのピリ辛豚巻き

材料（保存容器大1個分/約12〜15個分）

豚ロース薄切り肉約300g　ピーマン（緑）3個　ピーマン（赤）2個　のり（三つ切りタイプのもの）4枚　塩少々　A［コチュジャン、みりん各大さじ1　しょうゆ大さじ1/2　にんにく（チューブ）2cm］　サラダ油少々

作り方

❶豚肉は塩をまぶしてフォークで何か所かさす。ピーマンは5mm幅の細切りにする。❷豚肉を広げ、のり、ピーマン1/12量（4〜5本程度）を順にのせて端から巻く。残りも同様にする。❸フライパンに油を熱し、2の巻き終わりを下にして並べ、約2分蒸し焼きにする。❹余分な脂をふき取り、合わせたAを加え、全体にからまるくらいまで炒める。

MEMO　豚肉はできるだけ多く突きさすと焼いてもやわらか。ピーマンは彩りをよくするため2色合わせて使います。赤ピーマンがない場合はパプリカでも大丈夫です。

| 調理時間20分 | 保存 冷蔵5日 | ¥422 |

フライパン調理　お弁当に

長いもの豚肉巻き

材料（保存容器大1個分/約14〜16個分）

豚こま切れ肉約300g　長いも約15cm　A［しょうゆ大さじ1　みりん、砂糖各大さじ1　オイスターソース、豆板醤各小さじ1］　サラダ油少々　いり白ごま適量

作り方

❶豚肉はフォークで何か所かさす。長いもは皮をむいて半分の長さに切り、約1cm角の拍子木切りにする。❷豚肉を広げ、長いもをのせて端から巻く。❸フライパンに油を熱し、2の巻き終わりを下にして並べ、転がしながら焼く。❹肉の色が変わったら合わせたAを加え、全体にからまるくらいまで炒め、ごまを加える。

MEMO　合わせ調味料といりごまを容器で一緒に混ぜ合わせておくと、フライパンへ流し込んだとき、容器にいりごまが残ってもったいないので、一緒に混ぜ合わせずに最後にフライパンに入れています。

じっくり油を落として焼くのがポイント。せん切りにしたキャベツ、マヨネーズと一緒に食べるのもおすすめです。

ハッシュドビーフを思わせる洋食風の味つけです。パンにもごはんにも合わせられるおかずです。

メイン／フライパン調理

| 調理時間 15分 | 保存 冷蔵 5日 | ¥418 |

フライパン調理　お弁当に

豚こまカリカリ焼き

材料（保存容器大1個分）

豚こま切れ肉約350g　しょうが（すりおろす）2〜3かけ　A［しょうゆ、酒各大さじ1］　いり白ごま、小麦粉各適量　サラダ油少々

作り方

❶豚肉はフォークで何か所かさして食べやすい大きさに切る。バットに広げて表面に小麦粉を薄くつける。❷フライパンに油を熱し、1をできるだけ広げて並べ、弱めの中火で両面焼く。❸余分な脂をふき取り、しょうがとAを加えて全体にからまるくらいまで炒め、ごまを加える。

MEMO　カリカリにするにはフライパンに置いた肉を動かさずにじっくり焼くのがポイントです。あたため直して食べるときは、オーブンやトースターなどで再加熱します。

| 調理時間 30分 | 保存 冷蔵 5日 | ¥822 |

フライパン調理　お弁当に　冷凍しても

牛肉のトマト煮込み

材料（保存容器大1個分）

牛こま切れ肉250g　玉ねぎ½個　トマト2個　にんにく（すりおろす）2かけ　バター10g　A［中濃ソース大さじ2　白ワイン大さじ1　砂糖、顆粒コンソメ各小さじ1　水100ml］

作り方

❶牛肉はフォークで何か所かさして牛乳適量（分量外）に30分以上漬ける。ボウルに熱湯をはり、さっと振り洗いする。❷玉ねぎは細切りに、トマトは角切りにする。❸フライパンにバターを熱し、玉ねぎを入れて表面が透き通るくらいまで炒め、トマト、にんにくを加える。❹合わせたAを加え、煮立ったらを加えて、水分をとばしながら炒め煮する。

MEMO　牛肉を牛乳に漬けると、くさみがとれるだけでなく、食感もやわらかくなります。使う前にさっと湯通しすることで、アクも出にくくなるような気がします。にんにくのすりおろしはガーリックプレスを使用しています。

素朴なおいしさのおかずです。そぼろ丼にしたり、豆腐と一緒に食べても。お好みで少ししょうがを加えるのもおすすめ。

ひき肉あんだけ作ることで保存可能に。食べるときに豆腐と合わせてマーボー豆腐に。お好みでラー油を加えても。

調理時間 30分　保存 冷蔵 5日　¥374

フライパン調理　お弁当に　冷凍しても

鶏そぼろひじき

材料（保存容器大1個分）

鶏ひき肉（むね）約300g　乾燥芽ひじき約10g　砂糖大さじ2½　塩小さじ½　しょうゆ大さじ1　白だし大さじ1　サラダ油少々

作り方

❶ひき肉に砂糖大さじ½→塩の順にもみ込む。ひじきは水で戻す。❷フライパンに油を熱し、1のひき肉を入れて弱めの中火でそぼろ状になるように炒める。❸水けをきったひじきを加え、炒め合わせる。❹3に砂糖大さじ2、白だしを入れて炒め合わせ、最後にしょうゆを入れて水分がとぶまで炒める。火を止めて、好みで小ねぎの小口切りを混ぜる。

MEMO　さっぱりしたものが食べたいときにおすすめのおかず。ひじきはしっかり水にさらしてください。

調理時間 15分　保存 冷蔵 7日　¥651

フライパン調理　冷凍しても

マーボーのもと

材料（保存容器大1個分）

豚ひき肉約350g　長ねぎ2〜3本　しょうが（みじん切り）1かけ　A［甜麺醤、オイスターソース各大さじ2　しょうゆ、豆板醤各小さじ1］　B［中華スープのもと（練りタイプ）大さじ½　水150ml］　片栗粉適量　サラダ油少々

作り方

❶長ねぎはみじん切りにする。❷フライパンにサラダ油を熱し、1としょうがを炒め、香りが立ったらひき肉を加え、色が変わるまで炒める。❸Aを入れて炒め合わせ、火を弱めて合わせたBを加える。同量の水で溶いた片栗粉でとろみをつける。

MEMO　使用するひき肉の赤身の割合によるのですが、炒めると脂がいっぱい出てくるものがあります。その場合はペーパータオルでふき取ってください。水溶き片栗粉は一度火を落としてから加えるとダマになりにくいです。

簡単な味つけですが野菜のうまみがたっぷりのソテーです。ごはんはもちろんパスタにもよく合います。

簡単なのに手抜きに見えないおかず。シンプルな調味料で覚えやすいです。にんにくは焦がさないようにしてください。

調理時間 20分　保存 冷蔵 4日　¥517

フライパン調理　お弁当に

たらと彩り野菜のガーリックソテー

材料（保存容器大1個分）

たら3〜4切れ　A［塩、粗びき黒こしょう各少々］　ズッキーニ½本　ピーマン1個　パプリカ（赤・黄）各½個　にんにく2かけ　B［しょうゆ大さじ1.5　レモン汁小さじ1］　オリーブオイル大さじ3

作り方

❶たらは大きな骨を抜いて食べやすい大きさに切り、Aを振ってしばらくおく。❷ズッキーニ、パプリカ、ピーマンはすべて角切りにする。にんにくは薄切りにする。❸フライパンにオリーブオイルを熱し、たらを皮を下にして並べる。にんにく→ズッキーニ→ピーマン→パプリカの順にのせてフタをし、弱めの中火で1〜2分蒸し焼きにする。❹たらを裏返し、全体を混ぜ合わせてBを加え、水分がとぶまで炒め合わせる。

MEMO　たらは身が崩れやすいので、崩れを防ぎたい場合は塩を振ってペーパータオルで包み、水分をしっかりとります。気をつけないと炒めている最中に崩れてしまうので、初めからほぐした身を使うのもいいと思います。甘塩だらなら塩は振らなくても大丈夫。

調理時間 20分　保存 冷蔵 5日　¥477

フライパン調理　お弁当に

鮭とアスパラのアーリオ・オーリオ風

材料（保存容器大1個分）

生鮭3切れ　グリーンアスパラガス4本　塩2つまみ　A［こしょう少々　レモン汁小さじ1］　オリーブオイル大さじ3　赤唐辛子1本　にんにく（薄切り）2かけ

作り方

❶鮭は大きな骨を抜いて食べやすい大きさに切り、塩をすり込み、Aを振ってしばらくおく。❷グリーンアスパラガスは根元の固い部分を折り、4〜5cm長さに切る。赤唐辛子はみじん切りにする。❸フライパンにオリーブオイルを熱し、にんにくと赤唐辛子を種ごと入れ、香りが立つまで炒める。❹鮭、アスパラを入れ、動かさずに焼く。焼き色がついたら、裏返してもう片面も焼く。

MEMO　アスパラは片手で根元部分をつかみ、もう一方の手で中央部分をつかみ、軽くしならせるようにすると固い部分がパキッと折れます。にんにくは香りが立ったら火を弱め、ほかの食材の上にのせて焦げるのを防ぐか、面倒でなければ取り出しておくのがいいと思います。

メイン／フライパン調理

"みそとバター"と"鮭とじゃがいも"のてっぱん組み合わせ。少しだけしょうゆを足して、味を締めます。

和風だしを加えてカレー煮込みに。さばの身が崩れてもカレーで煮込むので気にならないのもいいです。

調理時間 20分　保存 冷蔵 5日　¥256

フライパン調理　お弁当に

鮭とじゃがいもの みそバター煮込み

材料（保存容器大1個分）

生鮭2切れ　じゃがいも1個　A［酒大さじ1.5　ポン酢小さじ1　こしょう少々］　バター約10g　B［みそ大さじ1　しょうゆ小さじ1　にんにく（チューブ）2㎝　水100ml］

作り方

❶鮭は大きな骨を抜いて食べやすい大きさに切り、Aに漬ける。❷じゃがいもは食べやすい大きさに切り、電子レンジで3〜4分加熱する。❸フライパンにバターを熱し、汁けをふいた1を入れて両面焼く。❹じゃがいもと合わせたBを加え、フタをして蒸し焼きにする。好みで小ねぎの小口切りを散らす。

MEMO　みそによって塩分量が異なるので、お手持ちのものに合わせて分量を調整してください。

調理時間 15分　保存 冷蔵 5日　¥175

フライパン調理　お弁当に

さばの和風カレー煮込み

材料（保存容器大1個分）

さば（3枚におろしたもの）1尾　玉ねぎ½個　小麦粉適量　A［カレールウ（フレークタイプ）大さじ2　白だし大さじ1　水100〜150ml］　サラダ油適量

作り方

❶さばは骨を抜き、適当な大きさに切る。玉ねぎは薄切りにする。❷1のさばをざるに置き、熱湯をかけてくさみをとり、まんべんなく小麦粉をまぶす。❸フライパンに多めの油を熱し、2を入れて揚げ焼きにする。火を止めて余分な油をふき取り、再び熱して玉ねぎとAを加え、フタをして3〜5分煮込む。好みで小ねぎの小口切りを散らす。

MEMO　さばはごまさばでも真さばでも大丈夫。おろしてあるものを買います。おいしく食べるために骨抜きと湯通しは欠かせません。湯通しは大きめの盆ざるに皮を下にして並べ、5cmの高さから静かに熱湯をかけます。カレールウはフレークタイプが溶けやすくて便利です。

冷たいままでもあたためてもおいしいうえに日持ちするおかず。お店の前菜にありそうな味で、お酒にもよく合います。

ふっくらおいしい味つき団子。はんぺんを入れると時間がたって冷めてもふわふわなので、お弁当にもぴったりです。

フライパン調理　お弁当に

あじのマリネ

材料（保存容器大1個分）

小あじ3尾　片栗粉適量　玉ねぎ¼個　パプリカ（赤・黄）各¼個　にんじん¼本　れんこん小2節　にんにく（薄切り）2かけ　A［白ワインビネガー大さじ3　砂糖大さじ1.5　バルサミコ酢（お好みで）小さじ1　塩少々］　サラダ油適量

作り方

❶あじは3枚におろして塩（分量外）を振り、5分ほどてペーパータオルで水けをふき取る。❷玉ねぎ、パプリカ、にんじんは細切りに、れんこんは3〜4mmの輪切りにする。❸フライパンに多めのサラダ油を熱し、2をさっと炒めて取り出す。続けて片栗粉を薄くまぶした1を入れて揚げ焼きにする。❹保存容器にAを入れて混ぜ合わせ、3を加える。

MEMO　3で揚げ焼きにし、油が少量になっていたらそのまま調味液に入れてしまっても大丈夫です。あじはお店で3枚におろしてもらったものを使っています。

オーブン調理　お弁当に

エスニック風 はんぺん鶏団子

材料（保存容器大1個分）

鶏ひき肉（むね）約300g　はんぺん（大判）1枚　A［しょうゆ大さじ1.5　トマトケチャップ大さじ1　クミンパウダー、コリアンダーパウダー各小さじ⅓　にんにく（チューブ）3cm　粗びき黒こしょう少々］

作り方

❶はんぺんは袋に入ったまま、手で握ってつぶす。❷ボウルにひき肉、1、Aを入れてよく混ぜ合わせる。❸天板にクッキングシートを敷き、2のたねを直径約3cmに丸めて並べ、200℃のオーブンで15分焼く。好みでパセリを添える。

MEMO　オーブンを使わずにフライパンで調理する場合、小さめに成形して多めの油で転がしながら揚げ焼きにしてください。ひき肉で団子を作るとき、私はアイスクリームディッシャー（31mm）（p.130）を使います。

あたため直しても作り立てみたいにジューシー。平日の晩ごはんに重宝するおかず。シンプルな味つけで簡単です。

和風に下味をつけたぷりぷり食感のたらとチーズが好相性。チータラからヒントを得たレシピです。

調理時間 30分　保存 冷蔵 5日　¥332

オーブン調理

手羽元の ゆずこしょうグリル

材料（保存容器大1個分）

鶏手羽元10本　砂糖大さじ1　塩小さじ1　A[ゆずこしょう大さじ1　しょうゆ小さじ2]

作り方

❶鶏肉をフォークで数か所さし、砂糖→塩の順にもみ込む。❷ポリ袋に1とAを入れて全体をなじませ、冷蔵庫で20分以上おく。❸天板にクッキングシートを敷き、2を並べて220℃のオーブンで20～25分焼く。好みでパセリを添える。

MEMO　鶏肉はできれば焼く30分くらい前に冷蔵庫から出し、常温に戻しておくと、火の通りがよくなります。

調理時間 30分　保存 冷蔵 5日　¥351

オーブン調理　お弁当に

たらの和風チーズ焼き

材料（保存容器大1個分）

たら3切れ　塩3つまみ　白だし大さじ½　スライスチーズ（溶けるタイプ）3枚

作り方

❶たらは半分に切り、塩をすり込んでペーパータオルに包み、5分ほどおいて水けをとる。❷ポリ袋に1と白だしを入れてもみ込み、できれば20分ほどおく。❸天板にクッキングシートを敷き、2を皮目を下にして並べ、上に半分に折って切ったチーズをのせ、200℃のオーブンで15分焼く。好みでパセリを添える。

MEMO　「塩ひとつまみ」は親指・人差し指・中指の3本でつまめるくらいの量です。切り身の両面にしっかりすり込んでくださいね。私は食べやすいように、大きい骨はできるだけ取り除きます。無理に取ろうとすると、身が崩れてしまうので、ほどほどに。

シリコンスチーマーでやわらか蒸し鶏が完成。鶏から出る肉汁をたれに混ぜ合わせるとうまみも風味も増します。

たれをからめておくことで、冷たいままでもあたためてもおいしく食べられます。沸騰していない湯でゆでるのがコツ。

調理時間 15分　保存 冷蔵 5日　¥556
フライパン&電子レンジ調理　お弁当に

レンチン蒸し鶏の甘みそねぎだれ

材料(保存容器大1個分)
鶏むね肉350g　片栗粉適量　砂糖大さじ½　塩小さじ½　長ねぎ(みじん切り)2本　A[甜麺醤大さじ2　豆板醤(好みで)小さじ1　中華スープのもと(練りタイプ)小さじ1　しょうが(チューブ)3cm　にんにく(チューブ)2cm　水50ml]　サラダ油少々

作り方
❶鶏肉はフォークで数か所さし、砂糖→塩の順でもみ込む。❷1に片栗粉をまんべんなくまぶし、シリコンスチーマーに入れて電子レンジで3分強加熱する。❸フライパンに油を熱し、長ねぎを入れてしんなりするまで炒め、合わせたAを加えてよく混ぜ合わせる。❹2を適当な大きさにさき、3のたれをかける。好みでゆでたキャベツを添える。

MEMO　甜麺醤がない場合は赤みそで代用。甘み、辛みが足りなければ砂糖としょうゆで調整してください。長ねぎを炒めるときにごま油をお好みで使用するのもおすすめです。電子レンジの加熱時間は熱の通り具合を見て調整してくださいね。

調理時間 15分　保存 冷蔵 5日　¥396
フライパン&大なべ調理　お弁当に

ねぎだれ豚しゃぶ

材料(保存容器大1個分)
豚ロース薄切り肉(しゃぶしゃぶ用)約250g　長ねぎ(細めのもの・みじん切り)3本　にんにく(みじん切り)1かけ　A[しょうゆ大さじ2　ごま油、みりん、調味酢(※p.13参照)各大さじ1]　ごま油大さじ2

作り方
❶フライパンにごま油を熱して長ねぎとにんにく、お好みで輪切り赤唐辛子適量を入れる。長ねぎが透き通るまで炒めて火を止め、Aを加えて混ぜ合わせる。❷なべに湯を沸かして火を止め、豚肉を広げながら5〜6枚ずつ入れ、色が変わった順にざるにあげて水けをきる。ゆでている間に温度が下がったら適宜火をつける。❸2の肉が冷めきらないうちに1に入れてあえる。好みで青じそを敷いた保存容器に入れる。

MEMO　保存容器に入れるときは豚肉1枚1枚を菜箸でクルッと巻いておきます。食べるときに1枚ずつ取り出せて、お弁当にも入れやすいです。

メイン／フライパン・電子レンジ・大なべ調理

揚げ焼きで作るから揚げバリエ

晩ごはんにもお弁当にも使いやすいから揚げ。
基本の作り方を覚えればアレンジしやすいおかずです。

基本のから揚げ

調理時間30分　保存 冷蔵5日　¥430

フライパン調理　お弁当に　冷凍しても

材料（保存容器大1個分）
鶏むね肉約400g　砂糖大さじ½　塩小さじ½
A［しょうゆ大さじ1　にんにく（チューブ）、しょうが（チューブ）各2cm］　片栗粉、サラダ油各適量

作り方
① 鶏肉はフォークで数か所さし、砂糖→塩の順にすり込んで食べやすい大きさに切る。
② ポリ袋に1を入れ、Aと好みでレモン汁小さじ1、粗びき黒こしょう適量を加えてもみ込み、20分程度おく。
③ フライパンに多めの油を熱し、片栗粉をまぶした2を入れて揚げ焼きにする。

鶏むね肉を使った定番味タイプ。しょうゆ味ににんにくとしょうがをきかせます。お好みでレモンやこしょうを追加しても。

＼ フライパンで揚げ焼きのポイント ／

粉は片栗粉を使用
小麦粉を使うレシピもありますが、片栗粉のほうが再加熱したときにベチャつきにくいです。バットを使って丁寧に粉をつけると仕上がりがきれいになります。

肉を入れたら動かさない
肉のふちの色が茶色く変わるまでさわらないようにします。片面がきつね色にカリッとなってから裏返します。

裏面の揚げ焼きは短時間で
裏返してからは、あまり長い間焼いていると水分がとびすぎてしまうので、なるべく早く引き上げます。

MEMO
● 少量の油で揚げるので、なるべく薄めの一口サイズにしたほうが火が通りやすくなります。肉の厚さは1.5cm以下を目安に。
● 熱がこもってベチャベチャにならないように保存容器に入れる前によく冷ましておくことも大事。金網などにのせて冷ましてください。

バリエ 1　磯辺から揚げ

あおさの香りがおいしいから揚げ。
マヨネーズをつけて
食べるのもおすすめです。

作り方
基本のから揚げのAをしょうゆ大さじ1、白だし大さじ½に替え、片栗粉にあおさ大さじ2を加える。

バリエ 2　スパイシーから揚げ

スパイスを使ったレシピです。
スパイスの量や種類は
お好みで調節してください。

作り方
基本のから揚げのAをしょうゆ大さじ1、にんにく（チューブ）1㎝、チリパウダー10振りくらい、クミンパウダー、コリアンダーパウダー、ガラムマサラ各少々に替える。

バリエ 3　コンソメから揚げ

しょうゆで下味をつけない
スナック感覚の洋風から揚げです。
粉にもひとくふうを。

作り方
基本のから揚げの鶏肉をナゲット風にそぎ切りに。Aを顆粒コンソメ小さじ1、コリアンダーパウダー好みで、塩各少々、粗びき黒こしょう適量に替え、片栗粉にベーキングパウダー小さじ½程度を加える。

第4章

「つくおき」
サブおかず
カタログ

箸休めになるようなものから、
ボリュームのあるものまで、
手間が少なく使える
サブおかずを選びました。
p.32のようにサブおかずだけを
作り置きするのもおすすめですよ。

冷蔵庫に常備したい一品。つくだ煮は調理方法も調味料も変えず、いろいろな食材で応用できます。

お弁当に最適なおかずです。ゆでたまごとあえてマヨネーズを足してアレンジして食べるのもおすすめです。

調理時間 20分　保存 冷蔵 7日　¥174

フライパン調理　お弁当に

ひじきとごぼうのつくだ煮

材料(保存容器中1個分)

乾燥芽ひじき約10g　ごぼう(細いもの)1本　ちりめんじゃこ約30g　酒、みりん、砂糖各大さじ2　しょうゆ大さじ1　ごま油大さじ1　いり白ごま約大さじ2

作り方

❶乾燥ひじきは水で戻す。ごぼうはささがきにし、すぐに水にさらす。❷フライパンにごま油を熱し、水けをきったごぼうを入れて透き通るくらいまで炒める。❸ひじき、じゃこを加えて軽く炒め合わせる。酒→みりん→砂糖→しょうゆの順に加えて火を強め、汁がなくなるまで炒める。いりごまと好みで小ねぎの小口切りを混ぜる。

MEMO　炒め煮の場合、調味料を加えたら、少しほったらかしても大丈夫です。様子を見て、焦げつかないようにときどきかき混ぜて水分をとばします。

調理時間 15分　保存 冷蔵 4日　¥265

フライパン調理　お弁当に

ブロッコリーとベーコンの粒マスタード炒め

材料(保存容器中1個分)

ブロッコリー1株　ベーコン1〜2枚　にんにく(みじん切り)1かけ　A[粒マスタード大さじ1　しょうゆ小さじ1　塩少々]　オリーブオイル大さじ2

作り方

❶ブロッコリーは小房に分ける。ベーコンは食べやすい大きさに切る。❷フライパンに湯を沸かし、塩少々(分量外)を入れてブロッコリーを固めにゆで、ざるにあげて粗熱をとる。❸フライパンにオリーブオイルを熱し、にんにくを入れて炒め、香りが立ったらベーコンを加えて炒める。❹2を加えてさっと炒め、Aを加えて炒め合わせる。

MEMO　ブロッコリーはフライパンで炒めることを考えて、固めにゆでるのがポイントです。

お弁当におすすめのおかず。ケチャップの分量を増やしてマスタードをひかえめにするとお子様でも食べやすい味に。

ウインナーの炒め物を和風風味に。かつお節も入れるので少しの調味料でもうまみがあります。

調理時間 10分　保存 冷蔵 5日　¥256
フライパン調理　お弁当に

ウインナーとじゃがいもの マスタードケチャップ炒め

材料（保存容器中1個分）

ウインナーソーセージ80g（6本）　じゃがいも1個　玉ねぎ½個　A［トマトケチャップ大さじ2　粒マスタード大さじ1　顆粒コンソメ小さじ1］　オリーブオイル大さじ1

作り方

❶じゃがいもは小さめの角切りにして耐熱容器に並べ、水少々を振り、ふんわりとラップをかけて電子レンジでやわらかくなるまで約5分加熱する。玉ねぎは薄切りに、ウインナーは食べやすい大きさに切る。❷フライパンにオリーブオイルを熱し、玉ねぎを入れて透き通るまで炒める。❸ウインナー→じゃがいもの順に加えて炒め、Aを加えて全体に行き渡るように炒め合わせる。好みでパセリをのせる。

MEMO　じゃがいもはレンジ加熱したあと、フライパンで炒めるときに容器に残った水分を入れないように注意します。

調理時間 10分　保存 冷蔵 5日　¥199
フライパン調理　お弁当に

ウインナーと 玉ねぎの和風炒め

材料（保存容器中1個分）

ウインナーソーセージ80g（6本）　玉ねぎ½個　かつお節（使い切りパック）½袋　A［白だし小さじ1　しょうゆ少々　しょうが（チューブ）1cm］　サラダ油適量

作り方

❶ウインナーは食べやすい大きさに切る。玉ねぎは薄切りにする。❷フライパンにサラダ油を熱し、玉ねぎを透き通るくらいまで炒め、ウインナーを加える。❸Aを加えて炒め合わせる。好みで小ねぎの小口切りを散らす。

MEMO　ウインナーの表面をしっかり焼くのがポイントです。

切り干し大根を使った低コストがうれしい副菜。あたためても、冷たいままでもおいしいです。

オイスターソースとにんにくだけで味つけする簡単野菜炒め。変色が気になる方は少し早めに食べ切ってください。

調理時間 **15分**　保存 冷蔵 **5日**　**¥172**

フライパン調理　お弁当に

切り干し大根と じゃこの中華炒め

材料（保存容器中1個分）

切り干し大根40g　ちりめんじゃこ2つかみ（10〜20g）　A［酒大さじ2　調味酢（※p.13参照）、オイスターソース各大さじ1］　ごま油大さじ2〜3

作り方

❶切り干し大根は水で戻し、固く絞って適当な長さに切る。❷フライパンにごま油を熱し、じゃこを入れて炒める。色が変わってきたら、好みで赤唐辛子も加えて炒め合わせる。❸1を加えて炒め合わせ、Aを加え、水分がとぶまで炒める。

MEMO　じゃこをしっかり炒めると保存してもくさみが出ません。切り干し大根は商品によって水で戻す時間が異なります。長時間放置すると風味が悪くなると表記があるものもありますので、使用する際に確認してください。

調理時間 **10分**　保存 冷蔵 **5日**　**¥269**

フライパン調理　お弁当に

ピーマンとヤングコーンの オイスター炒め

材料（保存容器中1個分）

ピーマン4個　ヤングコーン（生）1パック　にんにく（みじん切り）1かけ　オイスターソース大さじ1.5　酒大さじ1　ごま油適量

作り方

❶ピーマンは1cm幅に、ヤングコーンは半分に切る。❷フライパンにごま油を熱し、にんにくを入れて炒め、香りが立ったらピーマン、ヤングコーンを加えて炒める。❸酒を入れ、野菜が少しやわらかくなるまで炒め、オイスターソースを加えて炒め合わせる。

MEMO　ヤングコーンに焦げめがつくと香ばしく、見た目もおいしそうになるので、フライパンに入れたら少しの間動かさないようにしてください。

一度買えば育ててさらに食べられる、豆苗を使った節約レシピ。お弁当の緑にも最適。野菜が高値のときはお試しを。

簡単な味つけながら、あたため直してもおいしい低コストおかず。新じゃがが手に入るなら、皮つきのままがおすすめる。

調理時間 5分　保存 冷蔵3日　¥218

フライパン調理　お弁当に

豆苗と油揚げの炒めもの

材料（保存容器中1個分）

豆苗1袋　油揚げ2枚　にんにく（みじん切り）1かけ　A［オイスターソース大さじ½　うま味調味料小さじ½］　サラダ油適量

作り方

❶豆苗は根元から切り落とし、半分の長さに切る。油揚げは縦半分に切ってから細切りにする。❷フライパンに少し多めの油を熱し、にんにくを入れて炒め、香りが立ったら油揚げを入れて焦げ目がつくように焼きつけながら炒める。❸豆苗を加えて炒め、Aを加えて炒め合わせる。

MEMO　何枚かまとめて売られている油揚げは、まとめて切ってから油抜きをして冷凍保存します。冷凍庫のにおいがつきやすいので、早めに使い切るようにします。

調理時間 10分　保存 冷蔵5日　¥160

フライパン調理　お弁当に

じゃがいもとさつま揚げのしょうゆ炒め

材料（保存容器中1個分）

じゃがいも大1個（または中2個）　さつま揚げ1袋（小6枚）　しょうゆ小さじ2　塩少々　サラダ油適量

作り方

❶じゃがいもは1cm角の拍子木切りにして耐熱容器に入れ、水少々を振り、ふんわりとラップをかけて電子レンジで3分ほど加熱する。さつま揚げもじゃがいもと同じ幅に切る。❷フライパンに少し多めの油を熱し、じゃがいもを入れて表面に焦げ目ができるくらいに炒め、さつま揚げを加えて炒め合わせる。❸しょうゆを加えて炒め合わせ、最後に塩を振る。

MEMO　野菜が高いと思う日は、練り物（ちくわ、さつま揚げ）と野菜の炒め物や煮物を作ることがあります。ボリュームが出るし、価格も安定しているので、練り物は使えます。

サブ／フライパン調理

しっかり味の副菜。手に入りやすく使いやすい小松菜を使った常備菜のレパートリーに。小松菜の根元はよく洗います。

ごぼうに甘じょっぱい調味液で下味をつけて揚げます。大きめに切るとまとまりがよく、お弁当にも入れやすいです。

調理時間 **10**分 　保存 冷蔵 **5**日 　**¥193**

フライパン調理　お弁当に

小松菜とちくわの甘辛炒め

材料（保存容器中1個分）

小松菜1束　ちくわ3本　酒、みりん各大さじ1.5　しょうゆ大さじ½　ごま油適量

作り方

❶小松菜は根元の部分を切り落とし、約2cm幅に切る。ちくわは1cm弱幅の斜め切りにする。
❷フライパンにごま油を熱し、ちくわを入れて表面に焼き色がつくらいに炒める。❸小松菜を茎のほうから加えて炒め、酒→みりん→しょうゆの順に入れて水分がとぶまで炒める。

MEMO　小松菜を炒めるときは、茎をフライパンに入れたら、上から葉っぱをかぶせて、10秒くらい動かさずに蒸し焼き状態にします。時間がたってから、混ぜ合わせて炒めると茎と葉っぱがちょうどよく炒められます。

調理時間 **20**分 　保存 冷蔵 **5**日 　**¥186**

フライパン調理　お弁当に

ごぼうのから揚げ

材料（保存容器中1個分）

ごぼう2本（細いもの）　A［しょうゆ大さじ1　砂糖、みりん各大さじ½］　片栗粉、サラダ油各適量

作り方

❶ごぼうは適当な大きさに切って水にさらす。
❷ポリ袋に水けをきった1とAを入れ、20分ほどおく。❸フライパンに多めの油を熱し、片栗粉をまぶした2を入れて揚げ焼きにする。

MEMO　ポリ袋の中に直接片栗粉を入れてまぶしても構いません。その場合は、余分な調味液を捨ててから片栗粉を入れるようにしてください。

サブ／フライパン調理

低コストなこんにゃくを使った一品。ごま油とにんにくがよく合います。『手綱こんにゃく』はやってみると簡単ですよ。

みそとラー油がなすを食欲をそそる味にしてくれます。小ねぎを散らして彩りをよくすればお弁当にもおすすめです。

調理時間 10分　保存 冷蔵 7日　¥184

フライパン調理　お弁当に

手綱こんにゃくの
ガーリックおかか炒め

材料（保存容器中1個分）

板こんにゃく1枚（200g）　にんにく（みじん切り）2かけ　かつお節（使い切りパック）1袋　みりん大さじ1.5　しょうゆ大さじ1　酒大さじ1　ごま油適量

作り方

❶板こんにゃくはなるべく薄め（5〜6mm）の長方形（2×5cmくらい）に切り、長方形の縦真ん中に切り込みを入れ、片方の端を切れ目の中を通し一回転させて手綱こんにゃくにする。❷フライパンに湯を沸かし、1を入れて白っぽくなるまでゆがき、ざるにあげる。❸フライパンにごま油を熱し、にんにくと、好みで赤唐辛子の小口切りを適量入れて炒め、香りが立ったら2を加えて炒め合わせる。❹酒→みりん→しょうゆの順にフライパンに入れて、水分をとばすように炒め、汁けが少なくなったところで、かつお節を加えて炒め合わせる。

MEMO　こんにゃくをごま油で炒めるときに、激しく油が飛び散るので注意してください。こんにゃくを使った料理は味が変わりにくく、冷めてもおいしいので、作り置きに適しています。

調理時間 10分　保存 冷蔵 4日　¥130

フライパン調理　お弁当に

なすのピリ辛ラー油炒め

材料（保存容器中1個分）

なす3本　A［酒、みそ各大さじ1　中華スープのもと（練りタイプ）小さじ1］　ラー油5プッシュ　サラダ油適量

作り方

❶なすは乱切りにする。Aは合わせておく。❷フライパンに多めの油を熱し、なすを入れて炒める。❸Aを加えて炒め合わせたら火を止め、ラー油を混ぜ合わせる。好みで小ねぎの小口切りを散らす。

MEMO　練りタイプの中華スープのもとは少量のお湯で溶かしておくと、みそと混ぜやすくなります。混ぜるのが面倒な方は、調味料を入れるタイミングで火を落とすか弱火にし、酒→中華スープのもと→みその順番にフライパンに入れ、中華スープのもとをフライパン上でよく溶かすようにします。

やさしい味でちゃちゃっとできるおかず。彩りがいいのでお弁当にも。卵は半熟の部分がないようにしっかり炒めます。

ダイエット中もおすすめ、しょうが風味の炒め物。赤があったほうがおいしそうに見えるので赤パプリカを合わせました。

調理時間 5分　保存 冷蔵5日　¥127
フライパン調理　お弁当に

ピーマンと卵の炒めもの

材料（保存容器中1個分）

ピーマン5個　卵1個　白だし小さじ1.5　しょうゆ小さじ½　サラダ油適量

作り方

❶ピーマンは細切りにする。❷フライパンにサラダ油を熱し、1を炒める。白だし→しょうゆの順に加え、ピーマンの食感が少し残るくらいまで炒める。❸溶き卵を加え、そぼろ状になるまで炒める。

MEMO　作り置き2日めくらいに少し卵の色味が鮮やかな黄色ではなくなるので、気になる方は2日くらいで食べ切ってくださいね。

調理時間 10分　保存 冷蔵5日　¥351
フライパン調理　お弁当に

糸こんにゃくと
彩り野菜の和風炒め

材料（保存容器中1個分）

糸こんにゃく1袋（200g）　パプリカ（赤）½個　ピーマン2個　にんじん½本　豚こま切れ肉約100g　A［酒大さじ2　白だし大さじ1　しょうゆ小さじ2　しょうが（チューブ）4cm］　サラダ油適量

作り方

❶糸こんにゃくはざるにあげ、水けをきって食べやすい長さに切る。野菜はせん切りに、豚肉は食べやすい大きさに切る。❷フライパンに油を熱し、豚肉を入れて炒める。色が変わったら、糸こんにゃく、野菜を加えて軽く炒め合わせる。❸Aを入れ、水分がほどよくとぶまで炒める。

MEMO　このレシピでは糸こんにゃくを使いましたが、しらたきでも大丈夫。アク抜きが必要かどうかは購入した袋を確認して、必要ならしてください。豚肉の量を少なくして、しめじなどのきのこを少量入れるとうまみが出ておいしいです。

サブ／フライパン調理

調味料は酒、みりん、しょうゆだけ。砂糖なしでもてりてりになります。日持ちして、味落ちもしない、頼れる副菜です。

コロコロした形でお弁当に入れやすいおかず。厚揚げをしっかり焼きつけることが、味も日持ちもアップするポイントです。

調理時間 15分　保存 冷蔵 7日　¥221

フライパン調理　お弁当に

基本のきんぴらごぼう

材料（保存容器中1個分）
ごぼう（細）2本　にんじん小1本　みりん大さじ2〜3　しょうゆ、酒、ごま油各大さじ1　いり白ごま大さじ1

作り方

❶ごぼうとにんじんは細切りにする。ごぼうは水にさらし、アクをとる。❷フライパンにごま油を熱し、ごぼう、にんじんを炒める。❸酒、みりん大さじ2を加えて炒める。汁けがとんだらしょうゆを加え、水分をとばしながら炒め、みりん大さじ1を入れて照りを出し、いり白ごまを加えて混ぜ合わせる。

MEMO ごま油、みりんを、気持ち多めに入れています。みりんがしっかりきいたきんぴらが好みなので、砂糖は入れていませんが、お好みに合わせて調味料を変えてくださいね。

調理時間 10分　保存 冷蔵 3日　¥296

フライパン調理　お弁当に

厚揚げとししとうの おかかじょうゆ

材料（保存容器中1個分）
厚揚げ2枚（約1丁分）　ししとう1パック（30本程度）　かつお節（使い切りパック）1袋　A［しょうゆ、みりん各大さじ1　しょうが（チューブ）3cm］　サラダ油少々

作り方

❶厚揚げは食べやすい大きさに切る。ししとうはヘタを取る。❷フライパンにサラダ油を薄くひいて熱し、厚揚げを並べて表面に焼き目がつくように焼く。❸ししとうを入れて炒め合わせ、合わせたAを加えて水分がとぶまでしっかり炒める。

MEMO ししとうのヘタは軽く力を入れるだけで気持ちよく取れます。固い部分が気になる場合は切り落としてもいいと思います。厚揚げはしっかりと火を通さないと日持ちが悪くなるので、表面がカリッとなるくらいまで焼きつけます。フッ素樹脂加工のフライパンであれば厚揚げの表面に油が含まれているので、最初に油はひかなくて大丈夫です。その場合、ししとうを炒めるタイミングで油を入れます。

サブ／オーブン調理

野菜たっぷり。カレー味で食がすすみます。食べやすい大きさに切ればお弁当にも入れやすくおいしいです。

お好み焼きに近い感じのおかずです。野菜をたっぷり食べられます。食べるときにお好みでソースをつけて食べてください。

調理時間 **30分** 保存 冷蔵 **4日** **¥397**

オーブン調理　お弁当に

鶏ひき肉の
カレーオープンオムレツ

材料（20×20cmくらいの耐熱皿1個分）

卵4個　鶏ひき肉（むね）150〜200g　パプリカ（赤・黄）各½個　玉ねぎ½個　A［顆粒コンソメ、カレー粉、マヨネーズ各大さじ1］

作り方

❶パプリカ、玉ねぎはみじん切りにする。❷ボウルに卵を割り入れて菜箸で切るように混ぜ、1、A、ひき肉を混ぜ合わせる。❸サラダ油少々（分量外）を薄く塗った耐熱容器に2を流し入れ、表面をならす。❹200℃のオーブンで約20分焼く。

MEMO　卵は菜箸を少し広げて固定するように持ち、横一文字に混ぜ合わせます。卵液をつかんでみて白身が切れるくらいまで混ぜるとムラなく均一に火が通ります。耐熱容器が完全に冷めたら、食べやすい大きさに切り、別の容器にうつして保存しています。

調理時間 **30分** 保存 冷蔵 **5日** **¥319**

オーブン調理　お弁当に

長いもキャベツの
オーブン焼き

材料（20×20cmくらいの耐熱皿1個分）

長いも約300g　キャベツ⅛〜¼玉　卵2個　A［白だし大さじ1　しょうゆ小さじ½］

作り方

❶長いもはすりおろす。キャベツはせん切りにする。❷ボウルに1、卵、Aを入れて混ぜ合わせ、クッキングシートを敷いた耐熱容器に流し入れる。❸200℃のオーブンで15〜20分焼く。好みで小ねぎの小口切りを散らす。

MEMO　耐熱容器は熱伝導率がいいものを使ったほうが短時間で中まで焼けます。焼き上がりの目安は表面に焦げ目がつくくらい。少しふわっとした食感を残すなら短めに、中までしっかり焼きたい場合は長めに焼いてください。

成形しないので手間を短縮できるコロッケです。これなら作りやすいですよ。

遅め帰宅の晩ごはんの主食にすることもあります。日持ちする定番おかずです。

調理時間 30分　保存 冷蔵 5日　¥220
オーブン調理　お弁当に

かぼちゃのカレースコップコロッケ

材料(保存容器大1個分)

かぼちゃ¼個　パン粉約½カップ　サラダ油大さじ1〜2　A［マヨネーズ大さじ1　カレー粉小さじ2　顆粒コンソメ小さじ1　塩少々］

作り方

❶かぼちゃは一口大に切り、皮をところどころ切り落とす。❷耐熱容器に1を入れ、ふんわりラップをかけて電子レンジで5〜6分加熱してやわらかくする。フォークなどでつぶし、Aを混ぜ合わせる。❸耐熱容器の内側に薄く油(分量外)を塗り、2を敷き詰める。❹ボウルにパン粉とサラダ油を入れて混ぜ合わせ、3の上に広げて200℃のオーブンで20分焼く。

MEMO　再加熱するときにもオーブンを使えば、衣のサクサク感が味わえます。あらかじめカップに入れて焼けばお弁当にも入れやすくなります。

調理時間 20分　保存 冷蔵 5日　¥164
大なべ調理　お弁当に

高野豆腐のふくめ煮

材料(保存容器中1個分)

高野豆腐4枚(60g)　A［白だし大さじ2　砂糖大さじ1　しょうゆ小さじ1］

作り方

❶高野豆腐はぬるま湯で戻し、軽く水けをきって4等分に切る。❷なべに1を並べ入れ、ひたひたになるくらいの水を加える。Aを加え、落としブタをして煮汁が約⅔になるまで中〜強火で10分ほど煮る。

MEMO　砂糖もしょうゆもひかえめにしているので、お好みで足してください。私は食べるときに卵とじにすることもあります。

調味料は砂糖としょうゆだけ。お好みの味に調整してください。しらたきを加えたり、豚肉を牛肉にしてもいいです。

味つけはシンプルですが、たっぷり野菜を炒め煮してうまみもたっぷりに。お好みで赤唐辛子やオレガノなどを加えても。

調理時間 30分　保存 冷蔵 7日　¥307

片手なべ調理　お弁当に

肉じゃが

材料（保存容器大1個分）

豚こま切れ肉約150g　じゃがいも中2個　にんじん小½本　玉ねぎ½個　絹さやお好みで　砂糖大さじ3　しょうゆ大さじ2　水100ml

※水の量はなべの大きさ、野菜の大きさによって調整してください。

作り方

❶じゃがいもは食べやすい大きさに切り、水にさらす。にんじんは半月切り、玉ねぎは薄切りにする。絹さやは筋を取り、半分に切る。豚肉は食べやすい大きさに切る。❷鍋に水けをきったじゃがいも→にんじん→玉ねぎ→豚肉の順に入れ、水→砂糖→しょうゆの順に加える。❸フタをして火にかけ、煮立ったら弱火にして、じゃがいもがやわらかくなるまで煮る。❹全体をひと混ぜして絹さやを加え、フタをして煮汁がなくなるまで煮る。

MEMO　じゃがいもが煮えるまでなるべくフタを開けずにかき混ぜないのがポイント。途中で煮汁の様子を見ながら、鍋底に焦げつきそうなら下の野菜を動かします。

調理時間 40分　保存 冷蔵 7日　¥564

フライパン&片手なべ調理　お弁当に

ラタトゥイユ

材料（保存容器大1個分）

トマト2個　玉ねぎ½個　ピーマン1個　にんにく（みじん切り）1かけ　なす1本　パプリカ（赤・黄）各½個　ズッキーニ½本　ベーコン（ハーフ）4枚　白ワイン50ml　塩3つまみ　オリーブオイル大さじ3

作り方

❶トマトは角切りに、玉ねぎ、ピーマンは粗みじん切りに、ベーコンは食べやすい大きさに切る。❷なべに1とにんにくを入れて火にかけ、トマトをつぶしながら煮る。ワイン、塩を加え、落としブタをして15分ほど煮る。❸なす、パプリカ、ズッキーニは角切りにする。❹フライパンにオリーブオイルを熱し、3を焼きつけながら炒め、2に加えて煮汁が減るまで煮る。好みでパセリのみじん切りを散らす。

MEMO　トマトは完熟のものを使うといいです。大きいトマトの場合は白ワインの量を少なめにします。煮込んでいる間は何回か鍋底にくっついていないかチェックします。パスタにからめてお弁当に入れるのもおすすめ。

かぼちゃの煮物の応用編。ひき肉を加えてボリュームアップ。白だしを加えた分、砂糖としょうゆをひかえめにしています。

日持ちが長めで優秀なおかずです。具材はお好きなものにアレンジできます。

調理時間 15分　保存 冷蔵 5日　¥246

片手なべ調理 　お弁当に

かぼちゃのひき肉あん

材料（保存容器中1個分）
かぼちゃ¼個　鶏ひき肉（むね）50〜100g　A［酒、みりん各大さじ1　白だし大さじ½　砂糖小さじ2　しょうゆ小さじ1　水約30ml］　コーンスターチ適量

作り方

❶かぼちゃは一口大くらいに切り、なべに皮を下にして並べる。Aを入れて火にかけ、落としブタをして中火〜弱火で煮る。❷かぼちゃがやわらかくなったら、弱火にしてひき肉を加える。❸肉に火が通ったら火を止め、同量の水で溶いたコーンスターチを加えて再び火にかけ、とろみをつける。

MEMO　コーンスターチは片栗粉でも代用できます。

調理時間 20分　保存 冷蔵 7日　¥309

片手なべ調理 　お弁当に

お豆と根菜の煮物

材料（保存容器大1個分）
ミックスビーンズ（水煮）1袋（125g）　にんじん½本　れんこん½節　板こんにゃく1枚（200g）　A［酒大さじ3　みりん、砂糖各大さじ2］　しょうゆ大さじ2

作り方

❶にんじん、れんこん、こんにゃくはさいの目に切る。❷なべに1とAを入れ、フタをして火にかけ、野菜の水分が出るまで弱火〜中火で数分煮る。❸水けをきった豆、しょうゆを加え、落としブタをして煮汁がなくなる直前まで煮る。

MEMO　煮汁が少ないので、始めはしっかりとなべのフタをして煮ると野菜から水分が出て煮汁が増えます。鶏もも肉を2の工程で入れてもおいしいです。

水分を多く含めすぎないのが作り置きにする場合のポイント。ハムを入れない場合は日持ちをもう1日延ばしても。

お弁当にも入れやすい定番おかず。彩りよく、バラバラしないので食べやすいです。小分けにして冷凍保存もできます。

調理時間 20分　保存 冷蔵 3日　¥154

片手なべ調理　お弁当に

ポテトサラダ

材料（保存容器大1個分）
じゃがいも1個　にんじん¼本　にんにく1かけ　ハム3枚　きゅうりお好みで　A［マヨネーズ大さじ1.5　調味酢（※p.13参照）大さじ1　砂糖小さじ1　粗びき黒こしょう適量］

作り方

❶じゃがいもは2〜3cm角に切る。にんじんは半月切りに、にんにくは半分に切る。❷ハムは適当な大きさに切る。なべに1とかぶるくらいの水（分量外）を入れて火にかけ、にんじんがやわらかくなったら途中で取り出す。❸じゃがいもに竹串がすっと通ったら湯を捨て、にんにくも合わせてマッシャーなどで粗くつぶす。❹Aを加えて混ぜ合わせ、にんじんとハムを加える。好みで斜め薄切りにしたきゅうりを添える。

MEMO　きゅうりは好みで混ぜ込んでください。にんじんはレンジ加熱でやわらかくしたものを使ってもいいです。

調理時間 15分　保存 冷蔵 5日　¥247

片手なべ調理　お弁当に　冷凍しても

いんげんと
にんじんのごまあえ

材料（保存容器中1個分）
さやいんげん1袋（約15本）　にんじん½本　塩適量　A［すり白ごま大さじ2　砂糖大さじ1　しょうゆ小さじ2］

作り方

❶いんげんはヘタを取り、約4cm幅に切って塩をもみ込む。にんじんはいんげんと同じくらいの大きさに切る。❷なべににんじんとたっぷりの水を入れて火にかける。にんじんがやわらかくなってきたらいんげんを加えて約2分ゆで、ざるにとり、ペーパータオルで軽く押さえてしっかり水けをきる。❸ボウルにAを合わせ、2を加えてあえる。

MEMO　いんげんとにんじんの幅や長さをだいたい同じにすると、見た目も食感もよくなります。ごまあえにする前には水っぽくならないようにしっかりと水けをきります。

みそと大根がほっこりおいしい、体があたたまるおかずです。あたため直しても、味が落ちないのが魅力です。

おつまみにもぴったり。30分くらい時間をおいたほうが味がなじんでおいしいです。ゴーヤの苦みが好きな方にはぜひ。

調理時間 30分　保存 冷蔵 4日　¥227

片手なべ調理

みそ大根そぼろ

材料（保存容器中1個分）

大根¼本　鶏ひき肉（むね）約150g　しょうが（せん切り）1かけ　みりん、みそ各大さじ2　酒大さじ1

作り方

❶大根は3〜4cmの厚さに切って皮をむき、4等分に切る。❷なべに1を入れ、かぶるくらいの水（分量外）を入れて酒、みりんを加え、落としブタをして火にかける。❸やわらかくなったらしょうが、みそ、ひき肉を加え、煮汁が少なくなるまで煮る。好みで小ねぎの小口切りを散らす。

MEMO 大根は一度冷凍しておくと、繊維が崩れて味がしみ込みやすくなるらしいので1の工程のあとに、バットに並べて冷凍しています。

調理時間 5分　保存 冷蔵 7日　¥148

片手なべ調理 　お弁当に

ゴーヤの
にんにくしょうゆ漬け

材料（保存容器中1個分）

ゴーヤ1本　にんにく（せん切り）1かけ　A[ごま油大さじ1　しょうゆ小さじ1　塩ひとつまみ]

作り方

❶ゴーヤはワタを取り、約5mm幅の薄切りにする。❷なべに湯を沸かして1のゴーヤを1〜2分ゆで、ざるにあげて水けをきる。❸ポリ袋などにA、にんにく、2を入れてもみ込み、30分ほどねかせる。

MEMO ゴーヤの苦みが苦手な人は塩をもみ込んでから、食感を残すようにさっとゆでるといいです。袋を使うほうが、味が全体にしみ渡りやすく調味液も少なくてすむので、袋を使って調味液に漬け込み、あとから容器にうつしています。

バルで食べたマグロのクロケットがおいしかったのでツナ缶で再現。フライパンで揚げ焼きにしてもいいです。

ひじきを戻して混ぜるだけ。コンビニにありそうなお惣菜サラダ。にんじんを省けば加熱調理なしでできます。

調理時間 30分　保存 冷蔵 5日　¥174
オーブンorフライパン調理　お弁当に

ツナとじゃがいもの クロケット風

材料（保存容器中1個分）

じゃがいも大2個　ツナ缶（オイルタイプ）1缶　A［マヨネーズ大さじ2　顆粒コンソメ大さじ½　塩少々］　パン粉、サラダ油各適量

作り方

❶じゃがいもは小さめの角切りにして耐熱容器に並べ、水少々を振り、ふんわりとラップをして電子レンジでやわらかくなるまで約5分加熱する。マッシャーなどでつぶしてなめらかにして、オイルをきったツナとAを混ぜる。❷バットにパン粉を広げ少量の油を加え、パン粉全体に油がしみ込むように混ぜ合わせる。❸1を直径約3cmのボール状に成形し、2を表面にまんべんなくつける。クッキングシートを敷いた天板の上に並べ、200℃のオーブンで約20分焼く。好みでパセリとトマトケチャップを添える。

MEMO　ツナはノンオイルタイプならマヨネーズを足してもいいです。食べるときはオーブンで再加熱するとカリッとおいしく食べられます。

調理時間 20分　保存 冷蔵 5日　¥220
電子レンジ調理　お弁当に

お豆とひじきの 健康サラダ

材料（保存容器中1個分）

乾燥芽ひじき約10g　ミックスビーンズ（水煮）1袋（125g）　冷凍えだまめ5さやくらい　にんじん⅓本　A［すり白ごま大さじ2　調味酢（※p.13参照）、マヨネーズ各大さじ1　砂糖大さじ½　しょうゆ小さじ1］

作り方

❶ひじきは水で戻し、水けをよくきる。えだまめは解凍してさやから出す。❷にんじんは細切りにして耐熱容器に入れ、ラップをして電子レンジでやわらかくなるまで2分加熱し、粗熱をとる。❸ボウルにAを合わせ、ひじき、水けをきったミックスビーンズ、えだまめ、にんじんを加えて混ぜる。

MEMO　甘みのある調味酢を使用しているので、普通のお酢を使用する場合は砂糖を少し足すなど調整してくださいね。

水けをきって細切りにしたきゅうりとごま、こんぶの食感がおいしいおかず。きゅうりの消費にもおすすめです。

余りがちなセロリの葉を使った節約レシピ。甘めの酢漬けにしていますが、お好みで酸味の強いお酢を使っても。

調理時間 15分　保存 冷蔵 5日　¥286

火を使わない調理

ハリハリきゅうりのキムチ風

材料（保存容器中1個分）

きゅうり3本　塩3つまみ　切りこんぶ（きざみこんぶ）ひとつまみ　A ［いり白ごま大さじ1　コチュジャン、しょうゆ各大さじ½　砂糖小さじ1　にんにく（チューブ）、しょうが（チューブ）各4cm］

作り方

❶きゅうりはまな板の上に並べ、塩を振って転がす。1本ずつペーパータオルで包み、10分〜ひと晩おく。切りこんぶは水で戻す。❷きゅうりを3等分の長さに切り、細切りにする。❸ボウルにAを合わせ、きゅうり、水けをきったこんぶを加えて混ぜ合わせる。

MEMO　コチュジャンは少量でも辛みが増すので、お好みの辛さに調整してください。きゅうりは時間がない場合や、すぐに食べ切る場合は10分程度おくだけで大丈夫です。作り置きにするなら、ひと晩冷蔵庫においたものを使用するのがおすすめ。日にちがたっても水分が出にくいので味がボヤけず、食感がよいまま保存できます。

調理時間 15分　保存 冷蔵 5日　¥147

火を使わない調理

セロリの葉と大根の酢漬け

材料（保存容器中1個分）

大根½本　セロリの葉2本分　塩小さじ1　A ［調味酢（※p.13参照）大さじ4　砂糖大さじ1.5］

作り方

❶大根は短冊切りにする。塩もみをして10分程度おいて水けをきる。❷セロリの葉をみじん切りにする。❸ボウルにAを合わせ、1、2を加えてあえる。

MEMO　セロリは茎の部分のみを使うことが多いので、葉の部分は冷凍保存しておき、葉のみ使えるおかずに活用します。

123

第 5 章

作り置き
おかずの
ある生活

作り置きおかずを保存している冷蔵庫のようす、
たくさんある保存容器の収納、
調理に便利な愛用グッズ、
わが家の日々のごはんをお見せします。
作り置きおかずのある生活を
始めようと思っている方にとって
お役に立てるヒントになればうれしいです。

冷蔵庫の中身公開

わが家の冷蔵庫は2人暮らしに大きすぎず小さすぎない2ドアタイプ。
野菜室がないけれど、食材をそのままで保存することはあまりないから問題ありません。
週始め〜終わりの冷蔵庫の中身を紹介します。

\ 日曜日 /

まとめて作り置き調理をする日。冷蔵庫の3段にはいろいろな素材の保存容器に入った作り置きおかずが入っています。フタがしまらないくらいカサがあるものはラップをかけたりすることも。基本的に野菜、肉、魚などは買ってきたらすぐに調理します。なるべく余りを出さないように作り置きおかずを作るので、冷蔵庫で保存する生鮮食品はほんのわずかです。作り置きおかずを詰めたお弁当を入れておくスペースも確保。

\ 金曜日 /

作り置きおかずをほとんど食べ切ると冷蔵庫の中はスカスカに。あるのは、じゃこや紅しょうが。保存容器にうつして常備しています。朝食に必ず食べるヨーグルトもヨーグルトメーカーで作っているので、必ず入っています。ドアポケットやチルド室には調味料、スパイス類を並べています。これらに加えてときどき、食べ切れずに残ったおかずがあることも。

残ったおかずの中で冷凍できるものは冷凍に回します。このときに、必要があれば冷凍にもレンジ加熱にも対応できるプラスチック素材の保存容器にうつします。ごはんは5合まとめて炊いて、1食分ごとに小分けして冷凍します。

キッチン収納を公開

キッチンはダイニング＆リビングに対してオープンな間取りです。
視界に入ったときにごちゃつきがないように、収納できるものは収納し、
出していてもすっきり見えるものは手に取りやすいところに置いています。

コンロ下の扉収納の上段には各種保存容器を入れ、下段にはスパイス、調味料、乾物などを無印良品のポリプロピレン収納ケースに入れています。保存容器は重ねられるものは重ねて収納します。場所をとるものもありますが、ほぼ毎日作り置きおかずを保存するために冷蔵庫に入っているので、ここがいっぱいになることはありません。

冷蔵庫の側面には磁石でつけられるタイプの各種ラック類を取りつけています。100円均一で買ったラップ置きや、しゃもじ等を入れておけるものが意外と便利で、気づけば7年くらい使っています。色を統一したいのですが、買った時期がバラバラで買い替える必要もないので、そのまま使っています。

KEYUCAで買ったつっぱりラックには、使用頻度が高く、すぐ手に取りたいキッチン用具や調味料を並べて「見える収納」に。できるだけステンレス素材で統一しています。ペーパータオルは調理に、ふきんがわりに、と本当によく使うため、手の届くところに置いておけるホルダーがあるのはとても便利です。

愛用便利グッズを紹介

いつの間にか使用頻度が高くなっていたキッチングッズを紹介します。
早く・きれいに・おいしく調理をするのに便利な器具は、
同時調理にはもちろん、普段の調理にも活躍します。

アイスクリームディッシャー

直径31mmの小さいサイズのものを愛用。大さじ½強が入ります。ほぼ同じ分量で取り分けることができるので、お弁当サイズの肉だんご、シュウマイを同サイズにするのに便利です。また容量がわかっているので計量スプーンがわりに使うことも可能です。私はみそ汁を作るとき、みそを取り出すのにも使っています。

ガーリックプレス

別名「にんにく絞り」。ラーメン屋さんでよく見かけるアイテムです。生のにんにくやしょうがのすりおろしを使いたいときに私はこれでつぶします。市販のチューブを使うことも多いのですが、生はやっぱり別物。小さいものをすりおろすのが苦手なのですが、ガーリックプレスなら簡単です。目詰まりしやすいので、専用のお掃除器具がついているものを使っています。

ゆで卵切り器

数本はったステンレス線で押し切ることで、黄身と白身がはがれることなく薄い輪切りができる、昔ながらの器具。p.39の「長いもと卵のグラタン」のようにきれいな輪切りを見せたいおかずには欠かせません。そのほか、私はみじん切りにしてマヨネーズと合わせ、ソースを作るときにも愛用しています。一度切ったら90度向きを変え、もう一度カットすればみじん切りになります。

にんじんスライサー

近所の雑貨屋さんで見つけたアイテム。皮むき器のように使うときれいな千切りになります。持ち手がないので使うのにコツがいりますが、包丁で切るよりも断然早くできます。にんじんは水が出にくくて彩りもきれいなので、サブおかずによく登場する食材。特に細切りにすると火の通りも早いので、時短につながります。ひとつの食材にしか使わないものですが、使用頻度は高いです。

骨抜き

魚調理には欠かせないのが骨抜き。切り身で買ったときでも、大きい骨を調理前に取り除きます。手間がかかるけれど、骨がないほうが食べやすいので必ず行っています。以前使っていたピンセットと比べると、専用の骨抜きのほうがずっと早くできます。

シンク用水きりラック

シンクの奥行きに合わせて伸縮できる水きりラック。シンプルなデザインが気に入り、KEYUCAで購入しました。作り置きおかず作りには欠かせない野菜の水きりをするときに活用しています。洗った野菜を置いておくのはもちろん、ラックの上にざるを置き、ゆで野菜の粗熱とりや、塩もみした野菜の水きりにも。使用後は洗ってまな板と一緒に立てかけておけば、シンクを広く使えます。

ミートテンダー(筋切り)

肉のおかずは時間がたつとどうしても硬くなりがち。できるだけやわらかくするための「筋切り」は必ずやっておきたい下ごしらえです。ミートテンダーは生け花の剣山のように鋭い複数の針を一度にさすことができる道具。フォークでさしてもいいのですが、これを使ったほうが早く、硬い皮部分もさしやすいです。厚切り肉だけでなく、こま切れ肉などにも必ず使います。

キャベツスライサー

キャベツ専用のスライサーで、まるごとスライスできる幅広タイプ。ボウルの上にセットしてすりおろすようにすると、極細のせん切りキャベツができます。あちこちに飛び散ったり、最後までスライスするのがむずかしかったり、まだ慣れないところもありますが、包丁で切るより早いし、仕上がりもいいです。せん切りキャベツを使ったサブおかずも食感がおいしく仕上がります。

日々の食事風景を公開します

🖊 週の前半の食卓はこんな感じ

週の始めは野菜のおかずの種類も豊富。冷たいままでもおいしく食べられる副菜を先に食べて、その後にメインのおかずをあたためて食べることが多いです。

味つけがしっかりめのものなどお酒のアテ系のおかずを選んで、ノンアルコールビールで晩酌気分。ひとり暮らしのころ、家飲みで友人を連れてくると、すぐおつまみがそろうことに驚かれたこともありました。

揚げ物系の作り置きおかずは、オーブンで再加熱。少し時間がかかりますが、レンジで再加熱するよりもおいしく食べられます。帰宅後にすぐセットすれば、着替えたりしている間にできあがります。

この日のメニュー：ブロッコリーと卵のオイマヨあえ（p.64）、セロリの塩こんぶごま酢あえ（p.69）、まるごとオクラのラー油あえ（p.66）、れんこんと彩り野菜の甘酢サラダ（p.68）

この日のメニュー：牛肉のしぐれ煮（p.77）、ツナと大根の煮物（p.82）、彩り温野菜（p.80）

この日のメニュー：オイスター鶏ももから揚げ（p.79）、カレーポテトサラダ（p.65）、切り干し大根とひじきのさっぱりマヨサラダ（p.67）

「たくさんの作り置きおかずを毎日どんな風に食べているの？」
サイトやインスタグラムでよくご質問を受けます。
食べたいものを食べる、飾りっけもない食卓ですが、思い切ってお見せします。

週のなかばの食卓はこんな感じ

夕食もお弁当も作り置きを食べる日が続くと、週のなかばにはおかずが一巡していることもあります。そんな時はたまに食べたくなることがある生のトマトを作り置きおかずに加えたり、そのまま塩を付けて食べることがあります。

ひき肉の作り置きおかずがあると食べ方のバリエーションも広がるので、いつも多めに作って冷凍庫にストックしてあります。たとえばミートソースがあれば、家に帰ってめんをゆでるだけ。手作りは野菜たっぷりなのがうれしいです。

使い切れずに残っていたちくわときゅうりを使ってただ切って詰めるだけのおかずを1品。これくらいなら帰宅後でも苦になりません。この日はみそマヨをつけて食べました。

この日のメニュー：デリ風コールスロー (p.84) にトマトをプラス、オイスター鶏ももから揚げ (p.79)、ほくほくかぼちゃのグリル (p.83)

この日のメニュー：ミートソース (p.76)

この日のメニュー：牛肉のしぐれ煮 (p.77)、きゅうりとわかめの酢の物 (p.85)、じゃことピーマンとちくわのつくだ煮 (p.81)

週の後半の食卓はこんな感じ

週末近くで作り置きおかずも残りわずか。少量になったおかずは保存容器のままレンジで加熱して食べきってしまいます。

この日のメニュー：彩り温野菜（p.80）、厚揚げのそぼろあんかけ

温野菜とかぼちゃのグリルに、レンジ加熱した卵を合わせてシーザーサラダ風にしてみました。ドレッシングはオイル＋マヨネーズ＋パルメザンチーズ＋塩で簡単に作れます。

この日のメニュー：温野菜シーザーサラダ風

白米はその日によって食べたり、食べなかったり。たんぱく質が足りないと感じたら、納豆も合わせて食べる時があります。その他のごはんのお供は、じゃこ、キムチ、のりのつくだ煮などを常備していることが多いです。

休日＆外食etc.…

日曜日のランチ。作り置きしてあった肉みそと角切りにしたアボカド＆トマトをごはんにのせて丼に。和風タコライスのイメージで作ってみました。

休日の朝は平日より余裕があるので、スクランブルエッグを作りました。少量の牛乳を入れて砂糖、塩で調味したふわふわ食感のものをよく作ります。

土日のお昼1回は外食に行くことが多いです。お気に入りは近所の老舗中華屋さん。野菜たっぷりの焼きそばを、月に1回ぐらい食べに行きます。

職場近くの海鮮丼。普段はほとんどお弁当ですが、たまにランチに出ることもあります。外食する時は家ではあまり食べないようなものを食べるようにしています。

作り置きおかずを使わないでお弁当を作ることもあります。一番よく作るのはサンドイッチ弁当。定番のレタス・ハム・チーズの組み合わせが好きです。

大好きな富士宮やきそばは、麺を買いだめして冷凍保存しています。作り置きで使い切れないキャベツの消費にも。¼玉使うので野菜もたっぷりとることができます。

容器や保存方法に関して

1 保存容器は清潔に保つ

容器の角は汚れが落ちにくいのでよく洗うこと。洗ったあとは乾燥させるか、清潔なふきんでしっかり水滴をとってから収納します。使用前に市販の除菌スプレーなどで消毒するのもおすすめです。

2 しっかり冷ましてから冷蔵庫へ

から揚げなどは金網にのせて粗熱をとってから清潔な箸で保存容器にうつします。炒め物、煮物などは保存容器にうつしてから冷ますこともあります。大きな保冷剤の上に置いておくと早く冷めてフタに水滴もつきにくいです。しっかり冷めてからフタをします。

3 日持ちの悪いものから先に食べる

サブおかずは、水分が多くていたみやすい葉物などを先に。味が濃くて汁けの少ない煮物は週の後半まで日持ちします。
メインおかずはから揚げ、ハンバーグなど、冷凍しても味が落ちにくいものをあとまわしにして食べます。

4 保存容器の底から食べる

保存容器に入れると、からませた調味液や煮汁がどうしても底にたまります。上のほうから取っていくと、最後はどうしても味が濃くなりがちです。底から取り、取り出すたびにざっくり混ぜるようにしています。

5 保存容器は3種の素材で

保存容器の素材はホーロー、耐熱ガラス、プラスチック素材の3種をメインに使っています。ホーローは野田琺瑯のホワイトシリーズを、耐熱ガラスはiwakiのパック＆レンジを、プラスチック素材は岩崎工業のスマートフラップを使うことが多いです。

おわりに

ここまで読んでくださり、心から感謝申し上げます。

「つくおき」は「作り置き」を中心とするレシピやコツを紹介するサイトとして2013年9月から始まりました。

始めた頃は、ほとんど誰にも知られていないサイトでしたが、複数のWebメディアやSNSなどを通じて徐々にサイトを見てくれる人が増えていき、今では「つくおき」という「作り置き」の"り"を抜いて平仮名にしただけの言葉が、少しずついろいろなところで使われているのを目にするようになりました。当初はここまで多くの人に使われるようになるとは思っていなかったので、正直驚いています。

今回本を出版させて頂けたことは、少し大げさかもしれませんが、1週間の作り置きを続けた7年間の節目となりました。
これはあくまでも私の暮らしの中で実践してきた、効率よく料理をすることのまとめなので、ライフスタイルによって参考になるところとならないところがあると思います。

これから、私自身も生活が変わっていきますが、どのように変わっても「まとめて作り置きをする生活」は続けるつもりですし、また新たな発見があるのではないかと私自身楽しみにしているところもあります。

少量を作るよりも効率的で、少しでもおかずが冷蔵庫にあると安心する、時間にゆとりが出る、作り置きは私の生活になくてはならないものです。

また、サイトのほうでは、新しいレシピなどの更新もしているので、よろしければご覧になってくださいね。

最後に、初期の頃からSNSで毎回応援してくださった皆様、毎回サイトの更新を見てくださっている皆様、ご友人に「つくおき」を薦めて頂いた皆様、各メディアで取り上げてくださった皆様、本来ならお一人お一人に御礼申し上げたい気持ちなのですが、この場をお借りして心からの感謝を申し上げます。

nozomi

材料別 さくいん

肉類

鶏もも肉
鶏のかぼちゃクリーム煮………24
韓国風甘辛チキン……………61
オイスター鶏ももから揚げ……79
基本の炊き込みごはん………86
洋風トマトチキンの炊き込みごはん
………………………………87
中華風チキンごはん…………87
チキンソテーwithオニオンソース
………………………………92
鶏肉と彩り野菜の甘酢あん……92
チキンのトマト煮込み…………93
香味だれの蒸し焼きチキン……94
ピリ辛みそ照り焼き…………95

鶏むね肉
鶏むねのしそわさびしょうゆ……93
チキンチーズボール…………95
レンチン蒸し鶏の甘みそねぎだれ
………………………………103
基本のから揚げ………………104
磯辺から揚げ…………………105
スパイシーから揚げ…………105
コンソメから揚げ……………105

鶏手羽元
手羽元のゆずこしょうグリル
………………………………102

鶏ひき肉
レンチン鶏シュウマイ………25
梅しそチーズの棒つくね………94
鶏そぼろひじき………………98
エスニック風はんぺん鶏団子
………………………………101
鶏ひき肉のカレーオーブンオムレツ
………………………………116
かぼちゃのひき肉あん………119
みそ大根そぼろ………………121

豚こま切れ肉
豚肉と玉ねぎのデミグラ風……63
長いもの豚肉巻き……………96
豚こまカリカリ焼き……………97
糸こんにゃくと彩り野菜の和風炒め
………………………………114
肉じゃが………………………118

豚ロース薄切り肉
ピーマンとのりのピリ辛豚巻き…96
ねぎだれ豚しゃぶ……………103

豚ひき肉
肉みそ…………………………26
和風ハンバーグ………………62
ミートソース…………………76
マーボーのもと………………98

牛こま切れ肉
牛肉のしぐれ煮………………77
牛肉のトマト煮込み…………97

ハム
長いもと卵のグラタン…………39
ポテトサラダ…………………120

ベーコン
ブロッコリーとベーコンの粒マス
　タード炒め…………………108
ラタトゥイユ…………………118

ウインナーソーセージ
ウインナーとコーンのカレー炒め
………………………………42
ウインナーとじゃがいものマスタ
　ードケチャップ炒め………109
ウインナーと玉ねぎの和風炒め
………………………………109

魚介類

あじ
あじのマリネ…………………101

鮭
カレーセサミマヨサーモン……78
鮭ときのこの炊き込みごはん…86
鮭とアスパラのアーリオ・オーリ
　オ風…………………………99
鮭とじゃがいものみそバター煮込み
………………………………100

さば
さばの和風カレー煮込み……100

たら
たらのみそマヨネーズ焼き……60
たらと彩り野菜のガーリックソテー
………………………………99
たらの和風チーズ焼き………102

ちりめんじゃこ
じゃことピーマンとちくわのつく
　だ煮…………………………81

ひじきとごぼうのつくだ煮…108
切り干し大根とじゃこの中華炒め
………………………………110

野菜類

青じそ
切り干し大根の梅肉ごま酢あえ
………………………………31
梅しそチーズの棒つくね………94

えだまめ
ミックスビーンズとれんこんのご
　まサラダ……………………41
お豆とひじきの健康サラダ…122

オクラ
まるごとオクラのラー油あえ…66

かぼちゃ
鶏のかぼちゃクリーム煮………24
ほくほくかぼちゃのグリル……83
かぼちゃのカレースコップコロッケ
………………………………117
かぼちゃのひき肉あん………119

キャベツ
キャベツのごまだれ…………47
彩り温野菜……………………80
デリ風コールスロー…………84
長いもキャベツのオーブン焼き
………………………………116

きゅうり
きゅうりともやしのツナあえ…38
きゅうりとわかめの酢の物……85
ポテトサラダ…………………120
ハリハリきゅうりのキムチ風…123

グリーンアスパラガス
鮭とアスパラのアーリオ・オーリ
　オ風…………………………99

ゴーヤ
ゴーヤのにんにくしょうゆ漬け…121

コーン
ウインナーとコーンのカレー炒め
………………………………42
デリ風コールスロー…………84

小松菜
小松菜のナムル………………40
彩り温野菜……………………80
小松菜とちくわの甘辛炒め…112

ごぼう
基本の炊き込みごはん………86
ひじきとごぼうのつくだ煮….108

ごぼうのから揚げ……………112
基本のきんぴらごぼう………115
さやいんげん
いんげんとにんじんのごまあえ
………………………………120
ししとう
厚揚げとししとうのおかかじょうゆ
………………………………115
じゃがいも
カレーポテトサラダ……………65
鮭とじゃがいものみそバター煮込み
………………………………100
ウインナーとじゃがいものマスタ
ードケチャップ炒め………109
じゃがいもとさつま揚げのしょう
ゆ炒め……………………111
肉じゃが………………………118
ポテトサラダ…………………120
ツナとじゃがいものクロケット風
………………………………122
スッキーニ
たらと彩り野菜のガーリックソテー
…………………………………99
ラタトゥイユ…………………118
セロリ
セロリとパプリカのマリネ……43
セロリの葉のつくだ煮…………46
セロリの塩こんぶごま酢あえ……69
セロリの葉と大根の酢漬け…123
大根
大根のおかかしょうゆあえ……47
ツナと大根の煮物………………82
みそ大根そぼろ………………121
セロリの葉と大根の酢漬け…123
たけのこ
肉みそ……………………………26
玉ねぎ
鶏のかぼちゃクリーム煮………24
肉みそ……………………………26
ブロッコリーと卵のおかかツナマ
ヨ玉ねぎあえ………………28
ひよこ豆のトマトカレー煮込み……29
玉ねぎチーズのオーブン焼き……30
ウインナーとコーンのカレー炒め
…………………………………42
和風ハンバーグ………………62
豚肉と玉ねぎのデミグラ風……63
ミートソース…………………76

牛肉のしぐれ煮…………………77
彩り温野菜………………………80
洋風トマトチキンの炊き込みごはん
…………………………………87
中華風チキンごはん……………87
チキンソテーwithオニオンソース
…………………………………92
鶏肉と彩り野菜の甘酢あん……92
チキンのトマト煮込み…………93
牛肉のトマト煮込み……………97
さばの和風カレー煮込み……100
あじのマリネ…………………101
ウインナーとじゃがいものマスタ
ードケチャップ炒め………109
ウインナーと玉ねぎの和風炒め
………………………………109
鶏ひき肉のカレーオーブンオムレツ
………………………………116
肉じゃが………………………118
ラタトゥイユ…………………118
豆苗
豆苗と油揚げの炒めもの……111
トマト
ひよこ豆のトマトカレー煮込み……29
豚肉と玉ねぎのデミグラ風……63
洋風トマトチキンの炊き込みごはん
…………………………………87
牛肉のトマト煮込み……………97
ラタトゥイユ…………………118
長いも
長いもと卵のグラタン…………39
長いもの豚肉巻き………………96
長いもキャベツのオーブン焼き
………………………………116
なす
なすのピリ辛ラー油炒め……113
ラタトゥイユ…………………118
長ねぎ
レンチン鶏シュウマイ…………25
長ねぎの照り焼き………………44
マーボーのもと…………………98
レンチン蒸し鶏の甘みそねぎだれ
………………………………103
ねぎだれ豚しゃぶ……………103
にんじん
鶏のかぼちゃクリーム煮………24
切り干し大根の梅肉ごま酢あえ
…………………………………31

にんじんのナムル………………46
豚肉と玉ねぎのデミグラ風……63
切り干し大根とひじきのさっぱり
マヨサラダ…………………67
ミートソース…………………76
彩り温野菜………………………80
デリ風コールスロー……………84
基本の炊き込みごはん…………86
洋風トマトチキンの炊き込みごはん
…………………………………87
中華風チキンごはん……………87
鶏肉と彩り野菜の甘酢あん……92
あじのマリネ…………………101
糸こんにゃくと彩り野菜の和風炒め
………………………………114
基本のきんぴらごぼう………115
肉じゃが………………………118
お豆と根菜の煮物……………119
ポテトサラダ…………………120
いんげんとにんじんのごまあえ
………………………………120
お豆とひじきの健康サラダ…122
白菜
白菜の即席漬け…………………44
パプリカ（赤・黄）
セロリとパプリカのマリネ……43
れんこんと彩り野菜の甘酢サラダ
…………………………………68
カレーセサミマヨサーモン……78
彩り温野菜………………………80
たらと彩り野菜のガーリックソテー
…………………………………99
あじのマリネ…………………101
糸こんにゃくと彩り野菜の和風炒め
………………………………114
鶏ひき肉のカレーオーブンオムレツ
………………………………116
ラタトゥイユ…………………118
ピーマン・赤ピーマン
じゃことピーマンとちくわのつく
だ煮…………………………81
中華風チキンごはん……………87
鶏肉と彩り野菜の甘酢あん……92
チキンのトマト煮込み…………93
ピーマンとのりのピリ辛豚巻き……96
たらと彩り野菜のガーリックソテー
…………………………………99
ピーマンとヤングコーンのオイス

ター炒め ……………………… 110
ピーマンと卵の炒めもの……… 114
糸こんにゃくと彩り野菜の和風炒め
……………………………… 114
ラタトゥイユ ………………… 118
ブロッコリー
ブロッコリーと卵のおかかツナマ
ヨ玉ねぎあえ ………………… 28
ブロッコリーと卵のオイマヨあえ
………………………………… 64
ブロッコリーとベーコンの粒マス
タード炒め………………… 108
ほうれん草
ほうれん草のナッツあえ ……… 27
ほうれん草のラー油ナムル …… 45
もやし
きゅうりともやしのツナあえ … 38
もやしと塩こんぶの梅あえ …… 45
ヤングコーン
れんこんと彩り野菜の甘酢サラダ
………………………………… 68
ピーマンとヤングコーンのオイス
ター炒め…………………… 110
れんこん
ミックスビーンズとれんこんのご
まサラダ …………………… 41
れんこんと彩り野菜の甘酢サラダ
………………………………… 68
あじのマリネ ………………… 101
お豆と根菜の煮物 …………… 119

きのこ類

まいたけ
鮭ときのこの炊き込みごはん … 86

豆類

ひよこ豆、キドニービーンズ
ひよこ豆のトマトカレー煮込み・29
ミックスビーンズ
ミックスビーンズとれんこんのご
まサラダ …………………… 41
お豆と根菜の煮物 …………… 119
お豆とひじきの健康サラダ…. 122

卵・大豆加工品

厚揚げ
厚揚げとししとうのおかかじょうゆ
……………………………… 115

油揚げ
豆苗と油揚げの炒めもの……… 111
卵
ブロッコリーと卵のおかかツナマ
ヨ玉ねぎあえ ………………… 28
長いもと卵のグラタン ………… 39
ブロッコリーと卵のオイマヨあえ
………………………………… 64
ピーマンと卵の炒めもの……… 114
鶏ひき肉のカレーオーブンオムレツ
……………………………… 116
長いもキャベツのオーブン焼き
……………………………… 116

乳製品

チーズ
玉ねぎチーズのオーブン焼き…・30
長いもと卵のグラタン ………… 39
梅しそチーズの棒つくね……… 94
チキンチーズボール…………… 95
たらの和風チーズ焼き ……… 102

乾物

あおさ
磯辺から揚げ………………… 105
乾燥芽ひじき
切り干し大根とひじきのさっぱり
マヨサラダ ………………… 67
鶏そぼろひじき …………… 98
ひじきとごぼうのつくだ煮 … 108
お豆とひじきの健康サラダ … 122
乾燥わかめ
きゅうりとわかめの酢の物 …… 85
切りこんぶ
ハリハリきゅうりのキムチ風…・123
切り干し大根
切り干し大根の梅肉ごま酢あえ
………………………………… 31
切り干し大根とひじきのさっぱり
マヨサラダ ………………… 67
切り干し大根とじゃこの中華炒め
……………………………… 110

高野豆腐
高野豆腐のふくめ煮 ………… 117
塩こんぶ
もやしと塩こんぶの梅あえ …… 45
セロリの塩こんぶごま酢あえ … 69
のり

ピーマンとのりのピリ辛豚巻き‥96

その他加工品・缶詰

いかのくんせい
きゅうりとわかめの酢の物 …… 85
板こんにゃく
基本の炊き込みごはん ………… 86
手綱こんにゃくのガーリックおか
か炒め……………………… 113
お豆と根菜の煮物 …………… 119
糸こんにゃく
糸こんにゃくと彩り野菜の和風炒め
……………………………… 114
梅干し
切り干し大根の梅肉ごま酢あえ
………………………………… 31
もやしと塩こんぶの梅あえ …… 45
梅しそチーズの棒つくね……… 94
さつま揚げ
じゃがいもとさつま揚げのしょう
ゆ炒め……………………… 111
ちくわ
じゃことピーマンとちくわのつく
だ煮 ………………………… 81
小松菜とちくわの甘辛炒め … 112
ツナ缶
ブロッコリーと卵のおかかツナマ
ヨ玉ねぎあえ ………………… 28
きゅうりともやしのツナあえ‥38
ツナと大根の煮物 …………… 82
ツナとじゃがいものクロケット風
……………………………… 122
トマト缶
ミートソース ………………… 76
チキンのトマト煮込み ………… 93
はんぺん
梅しそチーズの棒つくね……… 94
エスニック風はんぺん鶏団子
……………………………… 101

主食

基本の炊き込みごはん ………… 86
鮭ときのこの炊き込みごはん … 86
洋風トマトチキンの炊き込みごはん
………………………………… 87
中華風チキンごはん…………… 87

142

調理時間別
さくいん

5分

セロリとパプリカのマリネ ····· 43
長ねぎの照り焼き ················· 44
白菜の即席漬け ····················· 44
豆苗と油揚げの炒めもの ······· 111
ピーマンと卵の炒めもの ········ 114
ゴーヤのにんにくしょうゆ漬け 121

10分

ほうれん草のナッツあえ ········· 27
ブロッコリーと卵のおかかツナマ
　　ヨ玉ねぎあえ ····················· 28
切り干し大根の梅肉ごま酢あえ 31
小松菜のナムル ····················· 40
ミックスビーンズとれんこんのご
　　まサラダ ·························· 41
ウインナーとコーンのカレー炒め 42
もやしと塩こんぶの梅あえ ····· 45
にんじんのナムル ················· 46
セロリの葉のつくだ煮 ··········· 46
キャベツのごまだれ ··············· 47
大根のおかかしょうゆあえ ····· 47
まるごとオクラのラー油あえ ·· 66
セロリの塩こんぶごま酢あえ ·· 69
じゃことピーマンとちくわのつく
　　だ煮 ······························ 81
きゅうりとわかめの酢の物 ····· 85
ウインナーとじゃがいものマスタ
　　ードケチャップ炒め ········· 109
ウインナーと玉ねぎの和風炒め 109
ピーマンとヤングコーンのオイス
　　ター炒め ······················· 110
じゃがいもとさつま揚げのしょう
　　ゆ炒め ··························· 111
小松菜とちくわの甘辛炒め ··· 112
手綱こんにゃくのガーリックおか
　　か炒め ··························· 113
なすのピリ辛ラー油炒め ········ 113
糸こんにゃくと彩り野菜の和風炒め
　　···································· 114
厚揚げとししとうのおかかじょうゆ
　　···································· 115

15分

レンチン鶏シュウマイ ·········· 25
肉みそ ································· 26
きゅうりともやしのツナあえ ·· 38
ほうれん草のラー油ナムル ····· 45
ブロッコリーと卵のオイマヨあえ 64
カレーポテトサラダ ··············· 65
れんこんと彩り野菜の甘酢サラダ 68
彩り温野菜 ·························· 80
香味だれの蒸し焼きチキン ····· 94
豚こまカリカリ焼き ··············· 97
マーボーのもと ····················· 98
さばの和風カレー煮込み ········ 100
レンチン蒸し鶏の甘みそねぎだれ
　　···································· 103
ねぎだれ豚しゃぶ ················· 103
ブロッコリーとベーコンの粒マス
　　タード炒め ····················· 108
切り干し大根とじゃこの中華炒め
　　···································· 110
基本のきんぴらごぼう ·········· 115
かぼちゃのひき肉あん ·········· 119
いんげんとにんじんのごまあえ 120
ハリハリきゅうりのキムチ風 123
セロリの葉と大根の酢漬け ·· 123

20分

ひよこ豆のトマトカレー煮込み 29
長いもと卵のグラタン ··········· 39
韓国風甘辛チキン ················· 61
切り干し大根とひじきのさっぱり
　　マヨサラダ ····················· 67
牛肉のしぐれ煮 ····················· 77
カレーセサミマヨサーモン ····· 78
オイスター鶏ももから揚げ ····· 79
ほくほくかぼちゃのグリル ····· 83
チキンソテーwithオニオンソース 92
鶏肉と彩り野菜の甘酢あん ····· 92
鶏むねのしそわさびしょうゆ ·· 93
ピリ辛みそ照り焼き ··············· 95
長いもの豚肉巻き ················· 96
たらと彩り野菜のガーリックソテー
　　···································· 99
鮭とアスパラのアーリオ・オーリ
　　オ風 ······························ 99
鮭とじゃがいものみそバター煮込み
　　···································· 100
あじのマリネ ······················· 101
エスニック風はんぺん鶏団子 101

ひじきとごぼうのつくだ煮 ·· 108

ひじきとごぼうのつくだ煮 ·· 108
ごぼうのから揚げ ················· 112
高野豆腐のふくめ煮 ··············· 117
お豆と根菜の煮物 ················· 119
ポテトサラダ ······················· 120
お豆とひじきの健康サラダ ·· 122

30分

鶏のかぼちゃクリーム煮 ········ 24
玉ねぎチーズのオーブン焼き ·· 30
たらのみそマヨネーズ焼き ····· 60
和風ハンバーグ ····················· 62
豚肉と玉ねぎのデミグラ風 ····· 63
デリ風コールスロー ··············· 84
梅しそチーズの棒つくね ········ 94
チキンチーズボール ··············· 95
ピーマンとのりのピリ辛豚巻き ·· 96
牛肉のトマト煮込み ··············· 97
鶏そぼろひじき ····················· 98
手羽元のゆずこしょうグリル 102
たらの和風チーズ焼き ·········· 102
基本のから揚げ ··················· 104
磯辺から揚げ ······················· 105
スパイシーから揚げ ·············· 105
コンソメから揚げ ················· 105
鶏ひき肉のカレーオーブンオムレツ
　　···································· 116
長いもキャベツのオーブン焼き 116
かぼちゃのカレースコップコロッケ
　　···································· 117
肉じゃが ····························· 118
みそ大根そぼろ ··················· 121
ツナとじゃがいものクロケット風 122

40分

ミートソース ······················· 76
ツナと大根の煮物 ················· 82
チキンのトマト煮込み ·········· 93
ラタトゥイユ ······················· 118

70分

基本の炊き込みごはん ·········· 86
鮭ときのこの炊き込みごはん ·· 86
洋風トマトチキンの炊き込みごはん
　　···································· 87
中華風チキンごはん··············· 87

143

nozomi のぞみ

神奈川にて、夫と二人暮らし。SE としてフルタイムで勤務する中で、週末に 1 週間分のおかずをまとめて作り置きするライフスタイルを開始。そのレシピを記録したレシピサイト『つくおき』が、自身と同様の共働き家庭を中心に大きな支持を集め、一躍注目される。また、サイトをもとに 2015 年に発売された初の著書『つくおき』は発売半年にして 20 万部を突破。現在では雑誌などにも活躍の幅を広げる。

つくおき　http://cookien.com/

スタッフ

撮影・スタイリング　　nozomi、千葉 充（カバー、第1章）、akyhim（第2章）
本文デザイン　　　　　岡 睦、郷田歩美（mocha design）
構成・文　　　　　　　斎木佳央里
アドバイザー　　　　　ひろき
編集　　　　　　　　　北川編子

美人時間ブック
もっとかんたん、もっとおいしい

2016 年 4 月 20 日　　初版第 1 刷発行
2016 年 5 月 25 日　　第 6 刷発行

装　丁　　岡 睦
発行者　　駒井 稔
発行所　　株式会社 光文社
　　　　　〒 112-8011　東京都文京区音羽 1-16-6
　　　　　電話　編集部 03-5395-8172　書籍販売部 03-5395-8116　業務部 03-5395-8125
　　　　　メール　bijin@kobunsha.com
　　　　　落丁本・乱丁本は業務部にご連絡くだされば、お取り替えいたします。
組　版　　堀内印刷
印刷所　　堀内印刷
製本所　　ナショナル製本

JCOPY　〈(社) 出版者著作権管理機構　委託出版物〉

本書の無断複写複製（コピー）は著作権法上での例外を除き禁じられています。本書をコピーされる場合は、そのつど事前に、(社) 出版者著作権管理機構（電話：03-3513-6969　e-mail：info@jcopy.or.jp）の許諾を得てください。

本書の電子化は私的利用に限り、著作権法上認められています。
ただし代行業者等の第三者による電子データ化および電子書籍化は、いかなる場合も認められておりません。

©nozomi 2016
ISBN978-4-334-97860-0　Printed in Japan